BEDRÄNGT, ABER NICHT ERDRÜCKT

Markus Rex

BEDRÄNGT, ABER NICHT ERDRÜCKT

Die Leidensfrage aus Sicht der Erlösung

BEDRÄNGT, ABER NICHT ERDRÜCKT

Die Leidensfrage aus Sicht der Erlösung

Markus Rex

Lektorat: Inge Stechbarth, Stefan Rex
Layout und Umschlaggestaltung: Markus Rex
Umschlagfoto: 123rf.com
Druck: booksfactory.de

Die Bibelstellen sind in der Regel der Schlachter 2000 Bibel (SLT) entnommen; RELB, Revidierte Elberfelder Übersetzung; Hoffnung für Alle

Bestelladresse:
Gemeinde Wort und Glauben, Sonnenallee 64, D-15236 Frankfurt (Oder)
www.wugffo.de
info@wugffo.de

ISBN: 978-3-00-040086-5

Inhaltsverzeichnis

Für Ilka, meine liebe Frau, die in den vergangenen 27 Jahren mit mir durch dick und dünn gegangen ist, mir in schwierigen Lagen treu zur Seite stand und in Bedrängnissen eine echte Stütze war.

Einleitung

Von jeher haben sich Menschen mit der Frage nach dem Leid auseinandergesetzt. Die verschiedenen Formen des Leidens sind ja nach wie vor allgegenwärtig. Nicht vorhersehbare Unglücksfälle oder Naturkatastrophen treten auf, schreckliche Gewalttaten und Kriege erschüttern die Gemüter und viele Krankheiten fordern ihren Tribut. Warum nur müssen unschuldige Menschen sterben? Wie kann ein liebender Gott so viel Elend zulassen? Philosophen und Theologen beschäftigen sich schon seit Jahrhunderten mit dem sogenannten Theodizeeproblem, das heißt mit der Frage, ob Gott gleichzeitig gut und allmächtig sein kann. Wenn ja, warum unternimmt er nichts gegen das Böse in der Welt?

Zur Leidensfrage wurden schon etliche Bücher und Kommentare geschrieben und unzählige Diskussionen geführt. Das zeigt unter anderem, dass aufrichtige Menschen nach Antworten suchen, besonders wenn sie selbst von Leid betroffen sind. Leider wird bei aktuellen Notlagen nicht immer klar erkannt, wodurch sie verursacht wurden beziehungsweise welche Macht dahinter steht - und so schiebt man einfach Gott die Schuld dafür zu. Dazu kommt, dass Notleidende eigenes Fehlverhalten und Versagen gelegentlich ignorieren. War es die Strafe Gottes oder ein Werk des Teufels, wenn zum Beispiel jemand vom Blitz erschlagen wurde, oder verhielt sich derjenige einfach nur fahrlässig?

Weiterhin stellt sich die Frage, ob Gläubige dieselben Notlagen, Krankheiten und Katastrophen erleiden müssen wie die Ungläubigen. Innerhalb der Kirchen gibt es hier kontroverse Meinungen. Ich glaube, dass durch die Erlösung auch dafür Vorsorge getroffen wurde. Angesichts dieses Segens, der den Erlösten zur Verfügung steht, leidet der eine oder andere mitunter umsonst, weil er bestimmte Notlagen den »unergründlichen Wegen Gottes« zuordnet und sich deshalb seinem Schicksal ergibt.

Auf der anderen Seite gibt es eine Art des Leidens, das unmittelbar mit dem Christsein zu tun hat. Denken wir nur an Verfolgung oder Verzicht um des Evangeliums willen. Hier geben sich manche Christen leidensscheu. Sie laufen Gott aus der Schule, wenn es unangenehm wird. Weil sie das Glaubensleben vielfach als »Wohlfühlerei« verstehen, zeigen sie wenig Bereitschaft, die Belastungen und Unannehmlichkeiten wirklicher Jüngerschaft auf sich zu nehmen.

Die Frage nach dem Leid während unseres Lebens auf dieser Erde ist also vielschichtig und kann nicht mit wenigen Sätzen beantwortet werden. Außerdem gibt es vorgefasste Ansichten, die maßgeblich durch volkstümliche oder traditionelle Prägungen entstanden sind, die eine Beantwortung schwieriger machen. Je nachdem, ob jemand eine atheistische, philosophische oder religiöse Prägung hat, fällt die Antwort unterschiedlich aus.

Ich lade den Leser ein, mir durch das vorliegende Buch zu folgen. Wir werden die verschiedenen Aspekte des Leidens beleuchten und vor allem aus dem Blickwinkel der Erlösung betrachten. Diese Sichtweise wird, so hoffe ich, einige Fragen beantworten oder wenigstens gute Ansätze liefern und so das eigene Nachdenken über die Leidensfrage auf der Grundlage der Bibel fördern.

Kapitel 1

Gott ist gut

Gott ist gut und er will, dass es uns gut geht. Es scheint mir angebracht, das gleich zu Beginn deutlich zu machen. Davon, dass Gott gut ist, sind die meisten Christen im Prinzip auch überzeugt. Problematisch sind nur schlimme Beobachtungen im Umfeld oder eigene bittere Erfahrungen. Dann wird die verzweifelte Frage laut: »Gott, warum ich? Warum passiert ausgerechnet mir dieser Schicksalsschlag?«

Eigene Erlebnisse und schwierige Umstände stellen uns zuweilen ein Bein, wenn es darum geht, herauszufinden, wie Gott in Wirklichkeit ist und welche Absichten er mit uns verfolgt. Das Gottesbild ist nicht selten geprägt von der jeweiligen Gefühlslage, von schlimmen Kindheitserlebnissen oder anderen Schwierigkeiten. Gott wird von einigen als strenger Zuchtmeister wahrgenommen oder sogar als jemand, der willkürlich handelt. Vermutlich werden sie kaum lautstark propagieren, dass Gott böse und schlecht ist. Aber im Stillen sind sie doch der Ansicht, dass er es letztlich nicht gut mit ihnen meint beziehungsweise sich nicht sonderlich um sie kümmert. Mangelndes Vertrauen zu Gott und fehlende Hingabe an ihn treten als schwerwiegende Folgen dieses Denkschemas auf.

Es gibt zu viele halbherzige Christen mit einem schwachen Glaubensleben. Am jeweiligen Gottesbild werden maßgeblich die Weichen dafür gestellt, ob Gläubige bedrückt einhergehen oder ob sie fröhliche und produktive Nachfolger Jesu sind. Deshalb müssen wir davon überzeugt sein, dass Gott gut ist.

Eigene Erlebnisse sind immer individuell und ihre Interpretation ist oft subjektiv. Stell´ dir vor, ein schlechtgelaunter Nachbar gäbe einem Journalisten Auskunft über dich. Jedes Gespräch mit dir und dein Verhalten würde er einzig und allein aus seinem Frust dir gegenüber interpretieren. Das erschiene dann in den lokalen Nachrichten und würde künftig die öffentliche Meinung über dich prägen und dementsprechend sähe die Beziehung deiner Mitmenschen zu dir aus. Aber wer und wie du wirklich bist, wissen nur deine besten Freunde, die dich persönlich kennen.

Um zu einer Beschreibung von Gottes Wesen zu kommen, brauchen wir grundlegendes Wissen, das nicht auf Hörensagen und unseren Schlussfolgerungen daraus beruht, noch auf den eigenen Gefühlen voll bitterer Erfahrungen. Diese Kenntnis kann nur aus der Bibel stammen, wo Gott sich selbst offenbart.

Die beste Informationsquelle ist Gottes eigener Sohn, denn »niemand hat Gott je gesehen; der eingeborene Sohn, der im Schoß des Vaters ist, der hat Aufschluss über ihn gegeben« (Joh 1,18). Jesus stellte den Menschen seiner Tage Gott als einen Vater vor, der sich um sie kümmert. In der sogenannten Bergpredigt sagte er immer wieder: »Euer Vater im Himmel ... euer Vater im Himmel«. Das Christentum ist mehr eine Familie, bestehend aus den Kindern Gottes, und weniger eine kirchliche Institution. Gott, der Vater im Himmel, sorgt für uns und ist an unserem Leben und Wohlergehen interessiert.

> Wenn nun ihr, die ihr böse seid, euren Kindern gute Gaben zu geben versteht, **wieviel mehr wird euer Vater im Himmel denen Gutes geben, die ihn bitten!**
>
> Matthäus 7,11

Seit meiner frühesten Jugendzeit ist Gott in meinem Herzen lebendig und ich hatte damals schon einige bemerkenswerte Erlebnisse mit ihm gemacht. Aber es fiel mir schwer, den Glauben mit meinem ganz normalen Alltag zusammenzubringen. Irgendwie hatte ich das Gefühl, dass die Christen am Ende doch auf sich allein gestellt sind.

In meiner Ausbildungszeit bekam ich als Anerkennung für gute Leistungen einen Ferienplatz geschenkt. Allerdings wurde meine Freude darüber dadurch getrübt, dass ich mir dafür zwei Wochen Urlaub nehmen sollte. Für mich war es zu diesen Bedingungen nur eine halbe Auszeichnung. So sprach ich mit einem Freund aus unserer Jugendgruppe darüber. Wir waren uns nicht schlüssig, ob es unverschämt ist, zusätzlich zu der geschenkten Reise von Gott obendrein noch den Urlaub zu erbitten oder ob er ihn mir gönnt. Schließlich sagte mein Freund: »Probiere es doch einfach aus.« Nun, um die Geschichte kurz zu machen, ich bat Gott darum - und bekam den Urlaub geschenkt.

Es gibt Menschen, deren Glaube nur für den Sonntag reicht. In ihrem alltäglichen Leben ist er nicht relevant. Deshalb denken sie nur wenig darüber nach, ob Gott gut ist oder nicht. Wenn Schwierigkeiten auftauchen, stellt sich ihnen überhaupt nicht die Frage, ob Gott ihnen helfen möchte, denn nach ihrer Meinung ist er dafür gar nicht zuständig. Im Prinzip ist er zwar der »liebe Gott«, aber gewohnheitsgemäß versuchen sie mit allem allein klarzukommen.

Gott ist seinen Kindern gegenüber ein guter Vater, indem er ihnen Gutes zukommen lässt. Dieses Bild von Gott als ein fürsorgender Vater war selbst im alten Israel schon bekannt. Er wurde verkündigt als »*ein Vater der Waisen, ein Anwalt der Witwen ist Gott ... ein Gott, der Vereinsamten ein Heim gibt, der Gefangene hinausführt ins Glück ...*« (Ps 68,6-7).

Wenn du wissen willst, wie Gott wirklich ist, dann schaue auf Jesus, denn »*... dieser ist die Ausstrahlung seiner Herrlichkeit und der Ausdruck seines Wesens ...*« (Hebr 1,3). Jesus stellte seine Wesensart der Wesensart Gottes gleich, indem er sagte: »*Wer mich gesehen hat, der hat den Vater gesehen.*« (Joh 14,9). Jesus trat etwa drei Jahre lang öffentlich in Erscheinung. Das Bild, das er von sich hinterließ, fasste Petrus einige Jahre später kurz zusammen.

> ... ihr kennt es; das Zeugnis, das sich durch ganz Judäa verbreitet hat und in Galiläa anfing nach der Taufe, die Johannes verkündigte: wie Gott Jesus von Nazareth mit Heiligem Geist und Kraft gesalbt hat, und **wie dieser umherzog**

und Gutes tat und alle heilte, die vom Teufel überwältigt waren; denn Gott war mit ihm. Und wir sind Zeugen alles dessen, was er im Land der Juden und in Jerusalem getan hat ...

Apostelgeschichte 10,37-39

Jesus demonstrierte die Güte und das Wohlwollen Gottes den Menschen gegenüber, indem er umherzog und Gutes tat. Er beruhigte Naturgewalten, speiste Hungrige und heilte Kranke. Obwohl er die Sünde als solche ablehnte, nahm er die sündigen Menschen an, ohne sie zu verdammen, und vergab ihnen.

In seinen Ausführungen über die Königsherrschaft Gottes verglich er sich mit einem Hirten, der die verlorenen Schafe nicht ihrem Schicksal überlässt[1] und seine Herde weidet, wie es der Psalm 23 beschreibt:

Der HERR ist mein Hirte; mir wird nichts mangeln.

Er weidet mich auf grünen Auen und führt mich zu stillen Wassern.

Er erquickt meine Seele; er führt mich auf rechter Straße um seines Namens willen.

Und wenn ich auch wanderte durchs Tal des Todesschattens, so fürchte ich kein Unglück, denn du bist bei mir; dein Stecken und dein Stab, die trösten mich.

Du bereitest vor mir einen Tisch angesichts meiner Feinde;

---

[1] Vergl. Lukas 15,1-7

du hast mein Haupt mit Öl gesalbt, mein Becher fließt über.

Nur Güte und Gnade werden mir folgen mein Leben lang, und ich werde bleiben im Haus des HERRN immerdar.

Jesus bezog sich vermutlich auf diesen Psalm, als er bekanntgab, dass er dieser gute Hirte ist.

Der Dieb kommt nur, um zu stehlen, zu töten und zu verderben; ich bin gekommen, damit sie das Leben haben und es im Überfluss haben. Ich bin der gute Hirte ...

Johannes 10,10-11

Wir sehen hier einen deutlichen Kontrast zwischen dem Hirten und dem Dieb, womit der Teufel gemeint war. Der Dieb hat Arges im Sinn und der gute Hirte möchte das Wohl der Herde. Jesus zeigte uns in seiner Person das Herz seines Vaters. Der Unterschied zwischen Gott und dem Teufel ist so groß, wie der zwischen Leben und Tod oder wie zwischen Tag und Nacht. Gott ist gut und der Teufel ist der Böse. Diese grundsätzliche Wahrheit dürfen wir niemals verdrehen.

Der größte Beweis für die Güte und Liebe Gottes zu uns ist aber nicht das Leben Jesu, sondern sein Sterben für uns, wie uns die folgenden Schriftstellen zeigen.

Gott aber beweist seine Liebe zu uns dadurch, dass Christus für uns gestorben ist, als wir noch Sünder waren.

Römer 5,8

Darin ist die Liebe Gottes zu uns geoffenbart worden, dass Gott seinen eingeborenen Sohn in die Welt gesandt hat, damit wir durch ihn leben sollen. Darin besteht die Liebe – nicht dass wir Gott geliebt haben, sondern dass er uns geliebt hat und seinen Sohn gesandt hat als Sühnopfer für unsere Sünden.

1 Johannes 4,9-10

Denn so hat Gott die Welt geliebt, dass er seinen eingeborenen Sohn gab, damit jeder, der an ihn glaubt, nicht verlorengeht, sondern ewiges Leben hat.

Johannes 3,16

Die Sünde ist das größte Problem sowohl für die Menschheit im Ganzen als auch für jeden Einzelnen. Um uns aus dem Sündenproblem zu retten, ließ Gott seinen Sohn sterben. Daran sehen wir am deutlichsten, dass er uns wahrhaft liebt. Jesus liebte uns so sehr, dass er sich freiwillig für uns opferte.

Seine grenzenlose Güte bewog Gott dazu, uns bei unserem größten Problem zu helfen und uns nicht unserem Schicksal zu überlassen.

Als aber **die Freundlichkeit und Menschenliebe Gottes**, unseres Retters, erschien, da hat er uns – nicht um der Werke der Gerechtigkeit willen, die wir getan hätten, sondern **aufgrund seiner Barmherzigke**it – errettet durch das Bad der Wiedergeburt und durch die Erneuerung des Heiligen

19

> Geistes, den er reichlich über uns ausgegossen hat durch Jesus Christus, unseren Retter ...
>
> Titus 3,4-6

> Gott aber, der reich ist an Erbarmen, hat um seiner großen Liebe willen, mit der er uns geliebt hat, auch uns, die wir tot waren durch die Übertretungen, mit dem Christus lebendig gemacht – aus Gnade seid ihr errettet! – und hat uns mitauferweckt und mitversetzt in die himmlischen Regionen in Christus Jesus, damit er in den kommenden Weltzeiten **den überschwänglichen Reichtum seiner Gnade in Güte an uns erweise in Christus Jesus.**
>
> Epheser 2,4-7

In diesen Versen lesen wir von Freundlichkeit, Menschenliebe, Barmherzigkeit und einem Reichtum an Gnade. Das entspricht rundum der Wesensart Gottes. Er hat uns aus dem größten Problem herausgerettet, um uns in Zukunft überschwänglich Gutes zu tun. Gott ist gut und er will, dass es uns gut geht.

Die oben genannten Verse bilden nur eine kleine Auswahl von vielen weiteren Bibelstellen, die den wahren Charakter Gottes zeigen. Über solche Verse sollten wir beständig nachdenken und sie verinnerlichen, damit das Bild von einem guten Gott in uns gefestigt wird.

»Ja, aber das ist ja nur die eine Seite Gottes. Ist er nicht auch heilig und gerecht?«, wird schnell argumentiert. Ja, natürlich ist Gott auch heilig und gerecht. Diese und ähnliche Eigenschaften müssen wir aber immer aus der Perspektive der Liebe, Gnade und Güte Gottes sehen, denn das ureigenste Wesen seiner Persönlichkeit ist Liebe.

> Und wir haben die Liebe erkannt und geglaubt, die Gott zu uns hat. Gott ist Liebe, und wer in der Liebe bleibt, der bleibt in Gott und Gott in ihm.
>
> Johannes 4,16

Die ernste Seite Gottes, zum Beispiel seine Unnachgiebigkeit der Sünde gegenüber, dürfen wir keinesfalls losgelöst von seiner Liebe zu uns sehen. Es ist wie in einer guten Familie. Die Kinder sind von der Liebe der Eltern rundherum eingehüllt. Permanent gibt es freundliche Worte zu hören und ein liebevoller Umgang bestimmt das Miteinander. Echte Liebe korrigiert und erzieht aber auch. Es gibt zwar mehr oder weniger schmerzhafte Konsequenzen für falsches Verhalten. Diese sind jedoch nur punktuell und immer eingebettet in Liebe.

Das sehen wir beispielsweise an Gottes Umgang mit seinem Volk Israel, der von fortwährender Liebe geprägt war.

> Ich habe dich je und je geliebt; darum habe ich dich zu mir gezogen aus lauter Güte.
>
> Jeremia 31,3 (Luther)

Obwohl Gott eines Tages richten musste, währte sein Zorn,

nur einen Augenblick lang.

> Einen kleinen Augenblick habe ich dich verlassen; aber mit
> großer Barmherzigkeit werde ich dich sammeln. In über-
> wallendem Zorn habe ich einen Augenblick mein Ange-
> sicht vor dir verborgen; aber mit ewiger Gnade will ich
> mich über dich erbarmen, spricht der HERR, dein Erlöser.
>
> Jesaja 54,7-8

Gott kündigte ewig Gnade nach der Strafe an. *»Mit ewiger Gnade will ich mich über dich erbarmen.«* Das ist eine neutestamentliche Wahrheit. Die folgenden Verse zeigen, wie sich Gottes Gnade äußert.

> ... du wirst fern sein von Bedrückung, denn du brauchst
> dich nicht zu fürchten, und von Schrecken, denn er wird
> nicht zu dir nahen. Siehe, sie mögen sich wohl zusammen-
> rotten; aber es geht nicht von mir aus ...
>
> Jesaja 54,14-15

Gott sagt uns hier, dass in der Gnadenzeit Bedrückung, Angst und Schrecken nicht von ihm ausgehen.

Andere Vorbehalte gegen die Güte Gottes sind die Gerichte und Kriege im Alten Testament. Darauf gehe ich später noch ein. Wichtig ist, dass unser Gottesbild vom Neuen Testament und besonders von der Tatsache der Erlösung durch Jesus geprägt ist, denn durch Christus hat Gott sein wahres Wesen zu erkennen gegeben.

Als Christen sollten wir dem biblischen Zeugnis glauben und den Gott der Bibel immer besser persönlich kennenlernen und anfangen, ihm zu vertrauen, damit er uns seine Güte und Gnade im vollen Maße zeigen kann.

Schwierige Schriftstellen
richtig verstehen

Die ersten Christen waren sich in ihrer Bedrängnis nicht immer sicher, ob es Gott durchweg gut mit ihnen meint. Deshalb schrieb ihnen Jakobus die tröstenden Worte:

> Irrt euch nicht, meine geliebten Brüder: Jede gute Gabe und jedes vollkommene Geschenk kommt von oben herab, von dem Vater der Lichter, bei dem keine Veränderung ist, noch ein Schatten infolge von Wechsel.
>
> Jakobus 1,16-17

Von Gott kommt nur Gutes und niemals Schlechtes. Er gibt uns keinen Stein, wenn wir Brot benötigen oder eine giftige Schlange statt eines Fisches. Jesus sagte den Juden seiner Zeit: Wenn schon ihr, die ihr durch die Sünde verdorben seid, es versteht, euren Kindern Gutes zu tun, wieviel mehr wird euer Vater im Himmel seine Kinder gut behandeln.[2] Gott schickt kein Unglück, um uns eine Lektion zu erteilen, sondern ist an unserem Wohlergehen interessiert.

So weit, so gut. Aber was ist mit anderslautenden Aussagen in der Bibel? Was ist zum Beispiel mit dem Bericht von den

---

[2] Vergl. Matthäus 7,9-11

Städten Sodom und Gomorra, die in Schutt und Asche gelegt wurden, oder mit dem Bann, den die Israeliten über bestimmte Völker vollstrecken sollten? Es gibt Bibelstellen, die den Eindruck hinterlassen, als würde Gott Gutes und Schlechtes gleichermaßen tun.

> Der HERR tötet und macht lebendig; er führt ins Totenreich und führt herauf! Der HERR macht arm und macht reich; er erniedrigt, aber er erhöht auch.
>
> 1 Samuel 2,6-7

> ... der ich das Licht mache und die Finsternis schaffe; der ich Frieden gebe und Unheil schaffe. Ich, der HERR, vollbringe dies alles.
>
> Jesaja 45,7

> Geht nicht aus dem Mund des Höchsten hervor das Böse und das Gute?
>
> Klagelieder 3,38

Es heißt hier, dass der Herr tötet und Unheil beziehungsweise Unglück verursacht. Besonders Gläubige, die von der Güte Gottes überzeugt sind, werden durch solche Aussagen zuweilen verunsichert, denn Gott kann ja nicht gleichermaßen gut und bösartig sein.

Das Gottesbild hat sich durch die kirchliche Tradition im Laufe der Zeit leider dahingehend verändert, dass er willkürlich erscheint. Willkür wird mancherorts gern mit der Souveränität Gottes kaschiert, aber insgeheim wird er für unberechenbar gehalten. Er handelt so, wie ihm gerade zumute ist. In vielen Trauerreden wird dann von den »unergründlichen Wegen des Herrn« gesprochen. In der heutigen Gesellschaft ist das bedauerlicherweise die gängige Vorstellung von Gott.

Aber wie sollen wir die oben genannten Verse denn nun verstehen? In der hebräischen Sprache gibt es eine alte, im damaligen Orient verbreitete Ausdrucksweise, die man den *Parallelismus* nennt, die vielfach in den poetischen Büchern und den Weissagungen der Bibel vorkommt.

Das wesentliche Merkmal des Parallelismus ist, dass zwei oder mehr Aussagen in eine Beziehung zueinander gebracht werden. So wie es in der Poesie einen Rhythmus der Worte gibt, ist es beim Parallelismus eher ein Rhythmus der Gedanken.[3] Im Wesentlichen wird zwischen drei Arten unterschieden, und zwar dem *synonymen* (gleichbedeutenden)[4], dem *synthetischen* (erweiternden)[5] und dem *antithetischen* (gegensätzlichen) Parallelismus.

Bei den eingangs zitierten Schriftstellen handelt es sich um einen gegensätzlichen Parallelismus, durch den ein Kontrast

---

[3] »*Knowing Scripture*«, R.C. Sproul, S.85

[4] Vergl. z.B. Sprüche 19,5

[5] Vergl. z..B. Psalm 92,10

ausgedrückt wird, wie *tot* und *lebendig* machen oder *Frieden* geben und *Unheil* schaffen. Die Betonung liegt hier nicht auf einer konkreten beziehungsweise aktiven Handlungsweise Gottes. Der Kernpunkt in diesen Versen beinhaltet den Gedanken, dass Gott guten Menschen mit Frieden begegnet. Diejenigen hingegen, die nicht in seinen Wegen wandeln, erleben früher oder später Unheil infolge des Gerichts Gottes. Dieser Gedanke, dass die Gerechten gesegnet und die Sünder bestraft werden, zieht sich durch das gesamte Alte Testament hindurch. Das haben die Propheten Samuel und Jesaja mit ihren Aussagen gemeint und sie wurden damals genau so verstanden. Deshalb glaube ich, dass wir diese und ähnliche Bibelstellen nur aus dem Blickwinkel von Gottes Segen im Gegensatz zu seinem Gericht auslegen dürfen. Jedenfalls dürfen wir den Inhalt nicht einfach verdrehen und ihm dadurch einen anderen Sinn geben.

Den Gedanken des Segens im Gegensatz zum Gericht hebt auch der Prophet Jeremia hervor.[6]

> Einmal rede ich über ein Volk oder ein Königreich, dass ich es ausrotten, verderben und zugrunde richten will; wenn aber jenes Volk, über das ich geredet habe, von seiner Bosheit umkehrt, dann reut mich auch das Unheil, das ich über sie zu bringen gedachte. Und ein anderes Mal rede ich über ein Volk oder Königreich, dass ich es bauen und pflanzen will; wenn es aber das tut, was böse ist in meinen Augen und auf meine Stimme nicht hört, so reut mich auch das Gute, das ich mir vorgenommen hatte, ihnen zu tun. Darum sage nun den Männern Judas und den Einwohnern

---

[6] Ich empfehle, die Kapitel 17-19 im Zusammenhang zu lesen.

Jerusalems: So spricht der HERR: Siehe, ich bereite euch Unheil und ersinne einen Anschlag gegen euch. So kehrt doch um, jeder von seinem bösen Weg, und bessert eure Wege und eure Taten!

Jeremia 18,7-11

Hier haben wir eine ähnliche Aussage, wie die bereits genannten: »*Siehe, ich bereite euch Unheil und ersinne einen Anschlag gegen euch.*« Ist der HERR etwa ein Terrorist? Gott bewahre, nein! Er sagte ihnen einfach nur, dass es ihnen gut ginge, würden sie in seinen Wegen wandeln, und kündigte ihnen jetzt die bitteren Konsequenzen an, weil sie ihn verlassen hatten. Das ist weit davon entfernt, dass Gott bösartig ist oder willkürlich und unberechenbar handelt. Diese Verse in einer Weise zu interpretieren, als würde Gott heutzutage Verkehrsunfälle, Gewalttaten, Epidemien und Katastrophen verursachen, entbehrt jeder Grundlage einer sorgfältigen Exegese.

In diesem Zusammenhang ist es wichtig, dass wir die Gerichtsurteile Gottes richtig verstehen. Wir müssen die entsprechenden Bibelstellen exakt auslegen, damit wir sie nicht eigenmächtig auf unser Leben heute anwenden. Der Gott des Alten Testaments ist kein anderer als der Gott des Neuen Testaments. Gott ist gütig, gnädig und barmherzig. Seine Wesensart ist Liebe, mit der er sein Volk umgibt, und zwar damals wie heute. Die ernste Seite Gottes ist seine Unnachgiebigkeit gegenüber der Sünde, die schließlich zu seinem Gericht führt. Gott hat sich in seinem Wesen nie verändert, aber wie er dem Menschen begegnet, hat sich geändert. Unter dem Alten Bund gab es wegen des gottlosen und sündigen Lebens etliche Zorngerichte Gottes über einzelne Menschen oder ganze Völker. Doch das hat sich mit der Erlösung durch Christus geändert. Jesu eigene Worte sind:

> Denn so hat Gott die Welt geliebt, dass er seinen eingeborenen Sohn gab, damit jeder, der an ihn glaubt, nicht verlorengeht, sondern ewiges Leben hat. **Denn Gott hat seinen Sohn nicht in die Welt gesandt, damit er die Welt richte, sondern damit die Welt durch ihn gerettet werde.**
>
> Johannes 3,16-17

Der Sohn Gottes kam nicht, um zu richten, sondern um zu retten! Die Erlösung macht den Unterschied zwischen der Zeit des Alten und der des Neuen Bundes aus. Der Alte Bund war geprägt von Gesetz und Gericht. Jetzt, nachdem die Erlösung vollbracht wurde, leben wir in der Gnadenzeit Gottes. Das bedeutet, dass Gott den sündigen Menschen nicht länger mit Gericht begegnet, um sie zu bestrafen, sondern mit Gnade, um sie zu retten.

Viele Menschen haben infolge kirchlicher Tradition eine zum großen Teil alttestamentliche Vorstellung von Gott von Gericht, Zorn und Strafe. Diese Prägung hatten auch die Juden zur Zeit Jesu. Die Jünger Jesu waren einmal erbost über die Ablehnung der Samariter und hätten sie am liebsten gleich niedergestreckt. Doch Jesus hielt sie davon ab, weil von da an neue Maßstäbe galten.

In Lukas 9,54-56 lesen wir:

> Als aber seine Jünger Jakobus und Johannes das sahen, sagten sie: Herr, willst du, dass wir sprechen, dass Feuer vom Himmel herabfallen und sie verzehren soll, wie es auch Elia getan hat? Er aber wandte sich um und ermahnte sie ernstlich und sprach: Wisst ihr nicht, welches Geistes Kinder ihr seid? **Denn der Sohn des Menschen ist nicht gekommen, um die Seelen der Menschen zu verderben, sondern zu erretten!** Und sie zogen in ein anderes Dorf.

Als einmal Todesopfer durch ein Massaker und ein andermal durch einen Arbeitsunfall zu beklagen waren, dachten die Leute zuerst an ein Gericht Gottes über diese bösen Sünder. Jesus klärte sie darüber auf, dass die Todesopfer nicht schlechter waren als die anderen Leute.[7] Bezüglich der Blindheit eines Mannes dachten die Jünger sofort an eine Strafe Gottes und fragten bei Jesus nach, ob der Blinde selbst oder seine Eltern gesündigt hätten. Auch hier erwiderte er, dass dieses Leiden nichts mit einer Strafe für vergangene Sünden zu tun hatte[8].

Jesus kam nicht, um zu richten und um zu verderben, sondern um zu retten. Das Gericht Gottes über die Sünde traf Jesus. *»Die Strafe lag auf ihm, auf dass wir Frieden hätten.«* (Jes 53,5). Das ist der große Unterschied zwischen dem Alten und dem Neuen Testament. Wir leben jetzt in der Gnadenzeit Gottes, solange bis Jesus wiederkommt. Deshalb glaube ich nicht,

---

[7] Siehe Lukas 13,1-5

[8] Siehe Johannes 9,1-3

dass die gewaltigen Naturkatastrophen der letzten Zeit, Terroranschläge, Kriege oder Epidemien ein Gericht Gottes waren.

Unser Gottesbild muss aus dem Neuen Testament kommen. Das ist besonders dann wichtig, wenn grausame Beschreibungen im Alten Testament für uns heute unverständlich scheinen. Wie im vorigen Kapitel bereits angedeutet, brauchen wir, was das Wesen und die wirkliche Natur Gottes betrifft, Einsicht. Wenn wir wissen wollen, wie Gott ist, müssen wir auf Jesus schauen.

Wie kam das Leid in die Welt?

Warum müssen Menschen leiden und wo kommt das Unheil überhaupt her? Seit jeher haben Gelehrte und Philosophen sich dazu ihre Gedanken gemacht. Zugegeben, mit einem Satz ist das nicht zu beantworten. Dafür ist diese Thematik zu komplex. Doch ich will die Leidensfrage nicht von den verschiedenen philosophischen Ansätzen betrachten, sondern vom biblischen Weltbild her.

Am Anfang, nachdem das Werk der Schöpfung vollendet war und Gott die Erde Adam übergab, war sie paradiesisch schön. In 1 Mose 1,31 heißt es dazu: »*Und Gott sah alles, was er gemacht hatte; und siehe, es war sehr gut.*« Unter Adams Verwaltung lief alles in vollkommener Harmonie und in bester Ordnung ab.

Leider ist die Welt, wie wir sie heute vorfinden, nicht mehr so, wie Gott sie ursprünglich erschuf. Was ist passiert? Der Sündenfall! - und damit fing das ganze Unheil an.

> Und Gott der HERR nahm den Menschen und setzte ihn in den Garten Eden, damit er ihn bebaue und bewahre. Und Gott der HERR gebot dem Menschen und sprach: Von jedem Baum des Gartens darfst du nach Belieben essen; aber von dem Baum der Erkenntnis des Guten und des Bösen sollst du nicht essen; denn **an dem Tag, da du davon isst, musst du gewisslich sterben!**
>
> 1 Mose 2,15-17

Adam wurde gewarnt, dass der Sündenfall schlimme Konsequenzen nach sich ziehen würde. Darauf bezog sich Paulus, als er erklärte, dass durch die Sünde der Tod mit allen Begleiterscheinungen in die Welt kam.

> Darum, gleichwie durch einen Menschen die Sünde in die Welt gekommen ist und durch die Sünde der Tod, und so der Tod zu allen Menschen hingelangt ist, weil sie alle gesündigt haben.
>
> Römer 5,12

Von dem Moment an, als Gott Adam die Schöpfung übergab, war Adam für alles zuständig, was auf Erden geschah. Doch er lehnte sich gegen Gott auf und unterstellte sich damit bewusst oder unbewusst dem Teufel. Für Atheisten mag das lächerlich klingen, wenn wir den Teufel ins Spiel bringen. Sie haben schon Mühe an die Existenz Gottes zu glauben, geschweige denn daran, dass es auch einen Teufel gibt. Aber das Neue Testament bezeugt sein unheilvolles und zerstörerisches Werk, vom Matthäusevangelium bis zur Offenbarung. Jesus beschrieb ihn als einen Feind, der die Menschen beraubt, unterdrückt, terrorisiert und ermordet.[9] Paulus bezeichnete ihn als den »Gott«, das heißt den Herrscher dieser Welt, der eine ganze Heerschar boshafter Wesen hinter sich hat.[10]

Wie bekam der Teufel die Herrscherschaft über diese Welt?

---

[9] Vergl. Johannes 8,44; 10,10.12

[10] Vergl. 2 Korinther 4,4; Epheser 6,11-12

Gott hat sie ihm ja nicht gegeben. Nun, er riss sie an sich, als Adam seine von Gott gegebene Herrschaftsposition Satan überließ. Dass der Teufel seitdem dieses Weltsystem kontrolliert, kommt bei der Versuchung Jesu zum Ausdruck.

> Da führte der Teufel ihn auf einen hohen Berg und zeigte ihm alle Reiche der Welt in einem Augenblick. Und der Teufel sprach zu ihm: Dir will ich alle diese Macht und ihre Herrlichkeit geben; **denn sie ist mir übergeben**, und ich gebe sie, wem ich will.
>
> Lukas 4,5-6

Wenn der Teufel auch ein Lügner ist, hat er hier doch die Wahrheit gesagt. Sonst wäre es keine echte Versuchung für Jesus gewesen. Seit dem Sündenfall dominiert der Teufel die gefallene Welt und damit alle Menschen, die unter seinem Einfluss leben. Deshalb forderte Paulus die Heiden auf, sich von der Herrschaft Satans abzuwenden und sich Gott zu unterstellen.

> ... damit sie sich bekehren von der Finsternis zum Licht und **von der Herrschaft des Satans** zu Gott ...
>
> Apostelgeschichte 26,18

Nachdem Adam und Eva im Garten Eden Gottes Gebot übertreten hatten, indem sie von der verbotenen Frucht aßen, geschah etwas Schreckliches. Die Erde stand nicht länger unter dem Segen Gottes, sondern sie kam stattdessen unter seinen Fluch. Der Tod mit all seinen Formen und Begleiterscheinungen kam in die Welt und verursacht bis heute durch sündige und selbstsüchtige Menschen Kriege, Verbrechen und Ungerechtigkeiten.

Gottes Antwort auf das Leid

Als Adam sich vom Heil Gottes abwandte, kam das Unheil in die Welt. Wir haben uns weitestgehend daran gewöhnt, dass es gute und schlechte Zeiten gibt, und haben es mehr oder weniger gelernt, mit traurigen Ereignissen umzugehen. Aber das Unheil gehörte im Anfang nicht zu Gottes heiler Welt, hielt jedoch durch die Sünde Einzug. Es ist schlimm, wenn Menschen zum Beispiel unter Krieg, Hunger oder Krankheit leiden. Das Schlimmste aus Gottes Sicht ist, wenn Menschen auf ewig verloren gehen, und das, obwohl sie hätten gerettet werden können. Darin besteht die größte Katastrophe überhaupt. Deshalb hat er seinen Sohn Jesus gesandt, um uns aus dem bestehenden Weltsystem zu erlösen.[11] Aber die Auswirkungen und die Größe dieser wunderbaren Erlösung können wir erst richtig erfassen, wenn wir die ewige Dimension der Verlorenheit erkannt haben.

Die Ewigkeit ist ein Begriff, der unsere menschliche Vorstellungskraft sprengt. Jetzt leben wir in Zeit und Raum, das heißt, es ist (fast) alles messbar und für unseren Verstand zu begreifen. Die Ewigkeit hingegen ist eine geistliche Dimension, die unser Verstehen übersteigt. Doch der denkende Mensch erahnt sie. Schon immer hat ihn die große Frage beschäftigt: Was kommt nach dem Tod? Dass dann alles aus und zu Ende

---

[11] Siehe Galater 1,4

sein soll, scheint unfassbarer zu sein als die Ewigkeit selbst. Doch wie geht es weiter? Viele Menschen, die ohne Gott leben, haben Angst vor dem großen Unbekannten, das sie erwartet.

Im griechischen Grundtext des Neuen Testaments lautet das Wort für Ewigkeit *aion*. Neben *Ewigkeit* im Sinne von »für immer« kann es auch *Zeitalter* mit einer bemessenen Länge bedeuten. Weil das griechische *aion* also unterschiedlich verstanden werden kann, sollten wir darauf achten, dass wir die zutreffende Bedeutung für den jeweiligen Schriftabschnitt erkennen. Anderenfalls können beide Inhalte leicht verdreht beziehungsweise missverstanden werden. Ansätze dazu gab es schon in den Anfängen der Christenheit.

Die altgriechische Gnostik verstand die Ewigkeit als eine immerwährende Wiederkehr aller Dinge, ein nie endender Kreislauf, in dem sich die verschiedenen Zeitalter permanent wiederholen. Nichts ist endgültig vorbei. So lehrt es zum Beispiel der Buddhismus mit der Reinkarnation.

Nach dieser gnostischen Philosophie sind die unerretteten Menschen nicht wirklich auf ewig verloren, sondern nur eine Zeit lang bzw. für die Dauer eines Zeitalters von Gott getrennt. Möglicherweise für die Länge von tausend Jahren. Aber irgendwann haben sie genug gebüßt und kommen schließlich auch in die Herrlichkeit Gottes hinein. Die ewige Qual im Feuer, von der Jesus sprach[12], gibt es nach dieser Ansicht nicht.

---

[12] Vergl. Matthäus 18,8; 25,41

Die Schreiber des Neuen Testamentes sind gegen die Lehre der Gnostik, die in den jungen Gemeinden Einzug hielt, energisch vorgegangen. Trotzdem vertreten einige Theologen heute immer noch diese These. Sie argumentieren, dass es der Liebe Gottes widersprechen würde, die Sünder auf immer und ewig zu verdammen. Wenn jedoch der Mensch nicht tatsächlich für immer verloren wäre oder es irgendeine andere Möglichkeit zu seiner Erlösung gäbe, dann wäre Jesus nicht gestorben. Das sehen wir deutlich, als Jesus im Garten Gethsemane um einen anderen Weg als seine Kreuzigung gerungen hatte.[13] Das Sterben Jesu am Kreuz für unsere Sünden als einzige Möglichkeit zu unserer Erlösung war maßgeblicher Inhalt der Verkündigung der Apostel.[14]

Die natürliche Welt hat einen klar definierten Anfang durch die Schöpfung und ein festgesetztes Ende. Auch der natürliche Mensch stirbt irgendwann. Danach beginnt für ihn die Ewigkeit. Alles, was nach dieser Weltzeit und diesem Leben kommt, ist ewig und dauert nicht nur eine längere Zeitspanne. Weil die Ewigkeit für immer währt, also bedeutend länger dauert als unser kurzes irdisches Leben, ist es für jeden Menschen ratsam, sich dringend damit zu befassen, wo und wie er seine Ewigkeit verbringt.

Was geschieht mit demjenigen, dessen Lebenszeit in dieser Welt abgelaufen ist? Hebräer 9, 27 sagt uns:

> Und so gewiß es den Menschen bestimmt ist, einmal zu

---

[13] Vergl. Matthäus 26,39; Markus 14,34-36; Lukas 22,42-44

[14] Vergl. Apostelgeschichte 14,12

sterben, danach aber das Gericht ...

Das Gericht, griechisch *krisis*, bedeutet hier eine gerichtliche Untersuchung zur Unterscheidung und zur Trennung. In der Ewigkeit wird also zwischen den Menschen ein Unterschied gemacht. Ein weiterer Vers spezifiziert dieses Gericht.

> Darum wollen wir die Anfangsgründe des Wortes von Christus lassen und zur vollen Reife übergehen, wobei wir nicht nochmals den Grund legen ... mit der Lehre von ... dem ewigen Gericht.
>
> Hebräer 6,1-2

Das griechische Wort für Gericht an dieser Stelle heißt *krimatos,* was weniger den Untersuchungsprozess meint, sondern vielmehr das Ergebnis, woraufhin dann das Urteil gefällt wird. Die Konsequenzen, die sich daraus ergeben, dauern ewig an, weshalb es auch das *ewige* Gericht heißt. *Ewig* beinhaltet hier eine Endgültigkeit, die keine Berufung mehr ermöglicht.

Die Unterscheidung nach dem Tod besteht darin, ob jemand die Erlösung in Jesus angenommen hat oder nicht. Jesus sagte, dass es in der Ewigkeit zwei Kategorien gibt. Ganz profan ausgedrückt sind das der Himmel und die Hölle oder die ewige Herrlichkeit in der Gegenwart Gottes und die ewige Qual in der Finsternis.

> Und sie werden in die ewige Strafe hingehen, die Gerech-
> ten aber in das ewige Leben.
>
> Matthäus 25:46

> Damit jeder, der an ihn glaubt, nicht (ewig)[15] verloren geht,
> sondern ewiges Leben hat.
>
> Johannes 3:15

Wer jetzt an Jesus glaubt, wird eines Tages ewig in der Herrlichkeit Gottes leben, und wer Jesus abgelehnt hat, wird dann auf ewig verloren sein. Die Entscheidung, wo der Mensch seine Ewigkeit verbringt, trifft er in diesem Leben und zwar nur hier. In der Ewigkeit besteht dafür keine Möglichkeit mehr.

Wer nicht an Jesus glaubt und in seinen Sünden stirbt, ist für immer verloren. Das ist die bittere Wahrheit. »Aber das wird ein guter und barmherziger Gott doch nicht zulassen«, eifern sich manche Leute. Doch, das wird er! Anderenfalls hätte Jesus nicht so eindringlich vor der Hölle gewarnt. Im Grunde hätte er dann gar nicht für die Sünde als Sühneopfer sterben müssen, wenn die Menschen nicht wirklich verloren gehen. Dann wäre auch die Sünde nicht mehr so schlimm, wie die Schreiber des Neuen Testamentes behaupten.

---

[15] Der Inhalt zwischen den Klammern wurde vom Autor eingefügt

Nach dem Weltbild der Bibel stellt das Sündenproblem die größte Bedrohung für die Menschheit dar, denn auf sich allein gestellt, gäbe es für sie keine Hoffnung. Aber Gott hat in das Unheil dieser Welt eingegriffen und uns allein um seiner Liebe willen erlöst. Epheser 2,4-5 sagt:

> Gott aber, der reich ist an Erbarmen, hat um seiner großen Liebe willen, mit der er uns geliebt hat, auch uns, die wir tot waren durch die Übertretungen, mit dem Christus lebendig gemacht – aus Gnade seid ihr errettet!

Aber Gott! Ich bin so froh über das göttliche »Aber« als Antwort auf unsere Not. Das »Aber« bedeutet: Gott hat eingegriffen. Lass es mich wiederholen. Weil Gott uns Menschen liebte, sandte er Jesus als Retter. Eine eigene Notlage kann die Wahrnehmung für diese Tatsache manchmal trüben, doch Gott liebt uns. Das ist die Wahrheit, die das Neue Testament durchweg bezeugt. Er ist uns gegenüber gnädig und barmherzig. Daran müssen wir uns immer wieder erinnern. Wir dürfen niemals aus den Augen verlieren, was er in Christus für uns getan hat.

Gemessen an dem überaus großen Sündenproblem, mit seiner ewigen Reichweite fallen alle anderen Probleme auf dieser Erde nicht sonderlich ins Gewicht. So schmerzlich sie im Einzelfall auch sein mögen, sind unsere menschlichen Nöte dagegen zeitlich begrenzt.

Die gewaltigste Katastophe, die die gesamte Menschheit

auszulöschen drohte, hat Gott abgewendet. Erinnern wir uns zum Beispiel an die Reaktorkatastrophen in Tschernobyl oder in Japan. Sie wurden zu einer globalen Bedrohung. Die nukleare Gefahr, die immer noch davon ausgeht, ist gigantisch und für den Laien kaum zu fassen. Die akute Gefahr zu bannen, war und ist die oberste Priorität. Alle anderen lokalen Probleme oder persönlichen Nöte müssen zurücktreten. Denn was nützt es, ein modernes Krankenhaus im Kriesengebiet zu bauen, wenn die tötliche Strahlung in wenigen Tagen die Gesunden zusammen mit den Kranken dahinrafft?

Gottes höchste Priorität war, die Menschen aus dem Sündenproblem zu retten. Gottes Antwort auf das *Unheil* in der Welt ist sein *Heil* in Jesus Christus. Und so wie die Menschen Gottes dargebotenes Heil annehmen und sich ihm zuwenden, kann er nun auf ihre anderen alltäglichen Nöte eingehen.

Kapitel 2

Warum lässt Gott das zu?

Aus den Medien erhalten wir viele schreckliche Nachrichten über Unglücksfälle, Verbrechen und Epidemien. Manchmal sind selbst Bekannte aus unserem engsten Umfeld davon betroffen. Darüber sind wir dann besonders erschüttert. Wir haben die Opfer vor Augen und die schlimmen Bilder lassen uns so schnell nicht los. Nach dem Amoklauf von Winnenden im Jahr 2009 mit vierzehn Toten standen die Menschen fassungslos da und suchten nach Erklärungen. Ohnmächtig vor Trauer, Wut und Verzweiflung, klagten sie Gott an. In den Zeitungen und an den Hauswänden stand überall geschrieben: Gott, wo warst du?

Wenn wir die biblischen Beschreibungen von Gottes freundlicher und liebevoller Wesensart predigen, winken manche Zuhörer ab. »Das ist zu schön, um wahr zu sein«, erwidern sie. Andere kontern mit dem Argument: »Warum lässt ein guter Gott so viel Leid zu?« Dieser Frage, die vielen unter den Nägeln brennt, wollen wir uns in diesem Kapitel ausgiebig widmen. Meiner Meinung nach braucht jeder Christ für sich selbst darüber Klarheit und sollte darüber hinaus in der Lage sein, in seinem Umfeld darauf eine plausible Erklärung vom Glauben her zu geben.

Zahlreiche Menschen stellen aufrichtig die Frage: Wenn

Gott gut und auch allmächtig ist, warum beseitigt er das Böse nicht einfach? Lasst uns damit bis zum Anfang der Menschheitsgeschichte gehen. Dass Gott nicht schon im Garten Eden intervenierte, um den Sündenfall als solchen zu verhindern, lag daran, dass er Adam und Eva als selbstständig handelnde Personen respektierte.

Aber Gott hätte sie nach ihrer rebellischen Tat doch vernichten und gleich eine neue Menschenrasse erschaffen können, oder? Dann gäbe es die heutigen Probleme nicht.

Meiner Überzeugung nach ist die einzige plausible Antwort darauf die Liebe Gottes zu seiner Familie. Statt den durch die Sünde verdorbenen Menschen zu eliminieren, setzte er die Erlösung für ihn in Gang. Die Bibel, die seine Absicht dazu enthüllt, ist seine Liebeserklärung an uns Menschen.

Hier schließt sich eine weitere Frage an. Warum hat Gott dem Adam nicht einfach vergeben? Von uns erwartet er schließlich auch, dass wir anderen ihre Fehltritte prompt verzeihen. Erwartet Gott etwa von uns, was er nicht selbst zu tun bereit ist? Diese scheinbare Diskrepanz finden wir noch in anderen Bereichen. Als ernsthafte Nachfolger Christi sollen wir uns selbst verleugnen. Gott hingegen wird sich niemals selbst verleugnen.[16] Dann sollen wir nicht zornig sein. Aber untersuche doch mal zum Beispiel den Römerbrief, wie oft der Zorn Gottes darin erwähnt wird.[17] Weiterhin werden wir aufgefordert, nicht eifer-

---

[16] Matthäus 16,24; 2 Timotheus 2,13

[17] Kolosser 3,8; Römer 1,18

süchtig zu sein, und gleichzeitig lesen wir die Warnung, dass er ein eifersüchtiger Gott ist.[18] Wir dürfen uns nicht selbst rächen, sondern sollen der Rache Gottes Raum geben.[19]

Ich möchte nicht im Einzelnen darauf eingehen, aber dieses Problem löst sich auf, wenn wir die Größe Gottes beachten. Was Gott uns gebietet zu tun oder zu lassen, betrifft uns als einzelne Individuen. Gott hingegen handelt als Schöpfer, Gesetzgeber und Richter. In seiner Person bekleidet er sozusagen das höchste Amt im Universum und hält das Monopol der Rechtsprechung und der Gewalt in seiner Hand. Gott ist kein Mensch und wir dürfen sein vollkommenes Wesen nicht mit unserer Unvollkommenheit und Launenhaftigkeit vergleichen.

Dass Gott Adam und Eva nicht augenblicklich vergeben konnte, lag an der Schwere der Schuld. Wie schwer Sünde bei Gott wiegt, können sich manche Leute kaum vorstellen. Immerhin waren etwa viertausend Jahre Vorbereitungszeit in der Menschheitsgeschichte nötig, um die im Garten Eden angekündigte Erlösung endlich vollbringen zu können.

Gott ist größer als der Mensch und hat das Gesamtbild vor Augen wie sonst niemand. Er agiert außerhalb von Raum und Zeit. Menschen können bestimmte Situationen nur von ihrem eigenen begrenzten Horizont aus beurteilen. Das wird dann deutlich, wenn wir die Frage, warum Gott zulässt, dass unschuldige Menschen sterben, einmal weiterführen. Wer legt denn

---

[18] Römer 13,13 (RELB); 5 Mose 6,14-15
[19] Römer 12,19; Hebräer 10,30

fest, was gerecht oder ungerecht ist? Wer sind die Guten und wer die Bösen? Nehmen wir zum Beispiel Terrorismus. In den Augen der einen ist es ein Verbrechen, während es für andere eine Heldentat ist. Die UNO debattiert darüber, was je nach Interpretation der einzelnen Staaten ein gerechtfertigtes militärisches Vorgehen und was ein Kriegsverbrechen ist. In unserem Rechtssystem kann es schon mal passieren, dass ein Tierquäler härter bestraft wird als jemand, der einen Menschen ermordet hat. Was empfinden die Hinterbliebenen des Opfers womöglich als gerecht?

Wenn Gott also eingreifen und das Böse ausmerzen oder zumindest die Unschuldigen beschützen soll, wem sollte er es dann recht machen?

Warum hat Gott nicht verhindert, dass Kain seinen unschuldigen Bruder erschlägt? Warum hat Gott Abel nicht beschützt? Warum ließ Gott den gewalttätigen Lamech, Kains Nachfahre, gewähren? Die Menschheit wurde zunehmend von Bosheit infiltriert. Als Prediger der Gerechtigkeit versuchte Noah, Einfluss zu nehmen. Ich glaube, dass Noah unter der Verdorbenheit seiner Zeitgenossen genauso litt wie Lot.[20] Die Bibel berichtet, dass im Verlauf der kommenden Generationen die ganze Erde schließlich mit Terror und Verbrechen erfüllt war. Aber als schließlich nur noch allein Noah und seine Familie als Gerechte übrigblieben, machte Gott dem bösen Treiben ein Ende.

Gemäß dem Petrusbrief hatte Gott aufgrund seiner Barm-

---

[20] Vergl. 2 Petrus 2,5-8

herzigkeit und Geduld nicht schon lange vorher eingegriffen.[21]

Wer von Gott fordert, endlich etwas gegen das Böse zu unternehmen, muss sich dessen bewusst sein, dass Gott nochmals die ganze Menschheit vernichten müsste, denn niemand ist unschuldig.[22] Angesichts dieser düsteren Lage ließ Gott jedoch das helle Licht der Erlösung aufleuchten, so dass der einzelne Mensch in Christus gerecht werden kann.[23] Aber global gesehen gibt es keine vollkommene Gerechtigkeit. Diese offenbart sich erst am Ende dieses Zeitalters, wenn jeder einzelne Mensch vor Gott stehen wird.[24]

Auf den folgenden Seiten wollen wir die Leidensfrage aus Sicht der Bibel untersuchen. Anfangs haben wir schon festgestellt, dass das Leid erst durch die Sünde in die Welt gekommen ist. Jetzt soll es um seine verschiedenen physischen Manifestationen gehen, wie zum Beispiel Naturkatastrophen, Gewalttaten und Krankheiten. Ist Gott wirklich derjenige, der das verursacht? Wenn nicht, warum lässt er es geschehen, ohne etwas dagegen zu unternehmen?

Lasst uns zunächst die Hintergründe von Leid beleuchten und die Ursachen herausstellen. Die Bibel nennt uns hauptsächlich zwei Quellen, die Leid verursachen, und zwar die zerstörerischen Werke des Teufels und menschliches Versagen. Aller-

---

[21] Vergl. 1 Petrus 3,20

[22] Vergl. Römer 3,10

[23] Vergl. 2 Korinther 4,4-6; 5,21

[24] Vergl. 2 Petrus 3,13-14

dings gibt es auch eine Art des Leidens, die mit Gott beziehungsweise mit unserem Glauben an ihn zu tun hat, wie zum Beispiel Verfolgungen oder Glaubensprüfungen. Doch dazu kommen wir später. Jetzt soll es zunächst einmal um die ersten beiden Ursachen für Leid gehen.

Angriffe des Feindes

Im ersten Kapitel haben wir schon gesehen, dass durch die Sünde Adams das Unheil seinen Lauf nahm. Die Sünde wiederum nahm ihren Anfang beim Teufel und jeder, der in Sünde lebt, gehört zu ihm.[25] Er ist ein Gegner Gottes und ein Feind der Menschen, Seine Wesensart ist durch und durch verdorben.[26] Deshalb wird er in der Bibel auch der Arge oder der Böse genannt.[27] So, wie die Wesensart Gottes durch und durch gut ist und von ihm nur Gutes kommt, ist der Teufel überaus schlecht und von ihm kommt nur Schlechtes.

Ein Beispiel seiner Zerstörungswut finden wir im Markusevangelium Kapitel 5. Dort wird von einem Mann berichtet, der von Dämonen besessen war. Unter ihrem Einfluss hat er die Einwohner seiner Stadt derart terrorisiert, dass sie ihn anketten mussten. Aber es war vergeblich, denn mit übermenschlicher Kraft zerriss er die Ketten und floh in die Einöde zu den Gräbern und attackierte die Vorbeireisenden. Befand sich sonst niemand in der Nähe, schlug er sich selbst mit Steinen wund.

Ein einziger Mensch versetzte die gesamte Gegend in Angst und Schrecken. Offensichtlich war das alles Teufelswerk, denn nachdem Jesus den Besessenen befreit hatte, benahm sich

---

[25] Vergl. 1 Johannes 3,8

[26] Vergl. Matthäus 13,28; Lukas 10,19

[27] Vergl. Matthäus 13,19; Epheser 6,16; 1 Johannes 2,13-14

dieser Mann völlig normal. Die Dämonen fuhren in eine Schweineherde, die gerade in der Nähe weidete, und setzten augenblicklich ihr zerstörerisches Werk fort. Die ganze Herde raste wie vom Teufel geritten den Abhang hinunter und ertrank im See. Erschrocken liefen die Hirten in die Stadt und berichteten das Geschehen in einer solchen Art und Weise, dass die Einwohner Jesus daraufhin drängten, ihr Gebiet zu verlassen. Wahrscheinlich dachten sie, es wäre Jesus gewesen, der sie ihrer Existenzgrundlage beraubt hätte. Aber in Wirklichkeit war es nicht Jesus, sondern der Teufel, der die Schweine ertränkte.

Im März 1996 ging der 44-jährige Thomas Hamilton in die Turnhalle der Grundschule in Dunblane, Schottland, und eröffnete das Feuer auf eine Klasse von Fünf- und Sechsjährigen. Dabei starben ein Lehrer und sechzehn Kinder. Siebzehn weitere wurden verwundet. Der Schulleiter sagte dazu: »Unsere Schule wurde vom Bösen heimgesucht.«[28]

Der Teufel ist wie ein Raubtier im Blutrausch. Petrus verglich ihn mit einem Löwen, der auf Beutezug ist.

> Seid nüchtern und wacht! Denn euer Widersacher, der Teufel, geht umher wie ein brüllender Löwe und sucht, wen er verschlingen kann; dem widersteht, fest im Glauben, in dem Wissen, dass sich die gleichen Leiden erfüllen an eurer Bruderschaft, die in der Welt ist.
>
> 1 Petrus 5,8-9

---

[28] »Fragen an das Leben«, Nicky Gumbel, S.213

Jesus beschrieb ihn als einen Wolf, der die Schafe zerreißt und tötet.[29] Der Teufel als ein Menschenmörder ist unser ärgster Feind, der in der ganzen Welt Leid verursacht.

> Ihr habt den Teufel zum Vater, und was euer Vater begehrt, wollt ihr tun! Der war ein Menschenmörder von Anfang an und steht nicht in der Wahrheit, denn Wahrheit ist nicht in ihm. Wenn er die Lüge redet, so redet er aus seinem Eigenen, denn er ist ein Lügner und der Vater derselben.
>
> Johannes 8,44

Das ureigenste Wesen des Teufels, die Lüge, drückte Fritz Rienecker so aus:

> »Die Lüge aber, deren Vater der Teufel ist, bedeutet in ihrer Grundform Wohlgefallen am Nichtsein; sie ist das Bestreben, die Unwirklichkeit an die Stelle der von Gott geschaffenen und daher in ihrem Wesen guten Wirklichkeit zu setzen. Der Teufel will Unwahrheit statt Wahrheit; er will Finsternis statt Licht; er will den Tod statt des Lebens, das Christus ist und bringt.«[30]

Einige der zerstörerischen Werke des Teufels werden im Buch Hiob geschildert. Es handelt sich dabei um gewalttätige Übergriffe sprich Terror und um zerstörerische Naturgewalten. Das Neue Testament erweitert diese Liste, indem es auch

---

[29] Vergl. Johannes 10,12

[30] *»Lexikon zur Bibel«* 1960, R. Brockhaus Verlag Wuppertal, S.1391

Krankheiten dem Teufel und seinen finsteren Mächten zuschreibt.[31] Letztendlich steht der Teufel direkt oder indirekt hinter allem Schlechten, das auf dieser Erde geschieht.

Gott hingegen ist so gut zu uns, dass er sogar aus den schlimmen Dingen für uns noch etwas Gutes machen kann.

> Wir wissen aber, dass denen, die Gott lieben, alle Dinge zum Besten dienen, denen, die nach dem Vorsatz berufen sind.
>
> Römer 8,28

Manche Christen haben sich in schwerer Krankheit oder anderen Notlagen wieder ernsthaft Gott zugewandt. Weil sich ihr Leben daraufhin zum Guten verändert hat, erklären sie ehrlichen Herzens, Gott hätte dieses Unheil über sie gebracht, um sie wieder auf den richtigen Weg zu führen. Im Rückblick erscheint ihnen ihre durchlebte Situation als etwas Gutes, ja als ein Geschenk Gottes. Aber nicht Gott, sondern der Teufel verursacht das Schlechte. Doch Gott kann die Situation aufgrund seiner Güte und Barmherzigkeit benutzen und das Beste für uns daraus machen, wie zum Beispiel bei Joseph. Seine Brüder verkauften ihn, ohne Hoffnung auf Wiederkehr, in die Sklaverei nach Ägypten. Aber Gott veränderte nicht nur sein Schicksal, sondern benutzte diese frevelhafte Tat seiner Brüder, um sein Volk am Leben zu erhalten. Nach vielen Jahren blickte Joseph zurück und erkannte:

---

[31] Vergl. Lukas 13,11.16; Apostelgeschichte 10,38

Ihr gedachtet mir zwar Böses zu tun; aber Gott gedachte es gut zu machen, um es so hinauszuführen, wie es jetzt zutage liegt, um ein zahlreiches Volk am Leben zu erhalten.

1 Mose 50,20

Menschliche Schuld

Wenn der Teufel auch die geistliche Kraft hinter allem Schlechten ist, das auf dieser Welt geschieht, wird es doch maßgeblich durch direkte menschliche Schuld verursacht. Diese Schuld besteht hauptsächlich im Unglauben.[32] Die große Masse lehnt Gott ab und lebt nach eigenem Gutdünken.

Unsere Zivilisation ist immer mehr geprägt von empfindlichen elektronischen Geräten. Wer sich nicht an die Gebrauchsanweisungen hält und die Pflegehinweise außer Acht lässt, sondern sie aufs Geratewohl benutzt, braucht sich nicht über Störungen wundern. Ein Leben außerhalb des Heils Gottes hat Unheil zur Folge. Wer nicht im Segen der Anweisungen Gottes lebt, erfährt eben diese schlechten Auswirkungen davon. Lesen wir hierzu einige Bibelstellen.

> Sie hatten missachtet, was Gott ihnen sagte, und seine Weisungen in den Wind geschlagen.
>
> Andere litten unter den Folgen ihrer Sünden und Verfehlungen; sie siechten dahin
>
> Psalm 107,11.17 (Hoffnung für alle)

---

[32] Vergl. Johannes 16,9

Darum, weil ich rufe und ihr mich abweist, weil ich meine Hand ausstrecke und niemand darauf achtet, weil ihr vielmehr allen meinen Rat verwerft und meine Zurechtweisung nicht begehrt, so werde auch ich über euer Unglück lachen und über euch spotten, wenn das kommt, was ihr fürchtet, wenn das, was ihr fürchtet, als Verwüstung über euch kommt und euer Unheil euch überraschen wird wie ein Sturm, wenn euch Angst und Not überfällt! Dann werden sie mich anrufen, aber ich werde nicht antworten; sie werden mich eifrig suchen und nicht finden, weil sie die Erkenntnis gehasst und die Furcht des HERRN nicht erwählt haben, weil sie meinen Rat nicht begehrt und alle meine Zurechtweisung verschmäht haben. Darum sollen sie von der Frucht ihres eigenen Weges essen und von ihren eigenen Ratschlägen genug bekommen! **Denn die Abtrünnigkeit der Unverständigen bringt sie um, und die Sorglosigkeit der Toren stürzt sie ins Verderben.** Wer aber auf mich hört, der wird sicher wohnen; er kann ohne Sorge sein und muß kein Unheil fürchten.

Sprüche 1,24-33

Die Bibel deutet außerdem an, dass durch die Sünde, die sich über Generationen hinweg anhäufte und schließlich globale Ausmaße erreichte, selbst die Kräfte der Natur aus dem Gleichgewicht gebracht wurden. Im Buch Jesaja Kapitel 24 heißt es dazu:

Denn das Land liegt entweiht unter ihren Bewohnern; denn sie haben die Gesetze übertreten, die Satzungen abgeändert, den ewigen Bund gebrochen! Darum hat der Fluch das Land verzehrt, und die darin wohnen, müssen es büßen ...

Verse 5-6

... denn die Fenster der Höhe werden sich öffnen und die Grundfesten der Erde erbeben. Die Erde wird krachend zerbersten, die Erde wird reißen und bersten, die Erde wird hin- und herschwanken. Die Erde wird hin- und hertaumeln wie ein Betrunkener und schaukeln wie eine Hängematte; ihre Missetat lastet schwer auf ihr; sie fällt und steht nicht wieder auf.

Verse 18b-20

Diese Schriftstellen decken auf, dass viel Übel, mit dem wir es hier zu tun haben, Konsequenzen des sündigen Verhaltens der Menschen sind. Die Welt ist schlecht, weil die Menschen schlecht sind. Es geschieht Schlimmes und Ungerechtes in der Welt, weil die Menschen schlimm und ungerecht handeln. Leider passiert es auch, dass durch falsches Verhalten mitunter Unbeteiligte zu Schaden kommen. Selbst die Naturgewalten geraten außer Kontrolle.

Oft wird bezüglich der Leidensfrage auf das Unrecht in vergangenen Zeiten oder fernen Welten verwiesen. Weil die Situationen aber so vielfältig und die Hintergründe so vielschichtig sind, bringen Diskussionen darüber kaum zufriedenstellende Antworten. Ich glaube, dass es hilfreicher ist, wenn wir diese Frage auf die persönliche Ebene bringen, um sie für uns relevant zu machen.

Stellen wir uns einen jungen Autofahrer vor, der mit seiner Clique die Nacht hindurch gezecht hat, morgens in sein Auto steigt und auf dem Weg nach Hause in eine Gruppe Schulkinder fährt. »Warum musste gerade unser Kind sterben«, klagen die erschütterten Eltern. Natürlich ist jedem klar, dass Gott daran nicht schuld ist. Aber warum hat er nicht verhindert, dass unschuldige Kinder sterben? Wenn Gott uns wirklich liebt, warum greift er in solchen Fällen nicht ein?

Bei solchen schrecklichen Ereignissen werden oft Zweifel an der Allmacht Gottes laut. Denn wenn Gott etwas gegen Unglück und Unrecht unternehmen könnte, würde er es ja tun, oder? Diese Fragestellung setzt voraus, dass Gott auch alles unter Kontrolle hat. Aber die Fähigkeit zu besitzen, bestimmte Aufgaben erledigen zu können und auch die Berechtigung dafür zu haben, sind zwei Paar Schuhe. Was den Wirkungsbereich der Menschen betrifft, hat Gott sich selbst eingeschränkt. Das heißt, er lässt uns gewähren, auch wenn es für uns nicht gut ausgeht. In seiner Liebe warnt er uns, aber er lässt uns unseren Willen. Ja, Gott ist allmächtig, aber er kontrolliert nicht alles. Andernfalls würde er auch dein Leben bestimmen, ob es dir in der jeweiligen Situation gefällt oder nicht. Aber Gott lenkt die Menschen nicht gegen ihren Willen.

Lasst uns bei dem oben genannten Beispiel bleiben. Gott will nicht, dass unschuldige Kinder sterben. Um das zu verhindern, müsste er souverän eingreifen, wozu er durchaus in der Lage wäre. Nur würde er viel weiter vorn damit beginnen. Er will nämlich auch nicht, dass die Menschen sündigen, sondern dass sie nach seinen Geboten leben.

Bei unserem oben konstruierten Beispiel würde Gott wahrscheinlich gleich am Anfang nicht zulassen, dass der junge Mann betrunken wird, egal, was und wie viel er trinkt, denn er will nicht, dass wir uns betrinken. Würde dem jungen Mann das gefallen, niemals wieder berauscht zu sein? Bestimmt nicht, denn das ist ja der Grund, weshalb er auf Partys trinkt. Der Rauschzustand gefällt ihm gut, aber wenn er dabei etwas Schlimmes anstellt, weil er sich nicht mehr unter Kontrolle hat, möchte er am liebsten auf Unzurechnungsfähigkeit plädieren.

Oder stellen wir uns eine Frau vor, die ungewollt schwanger wird. Weil sie in ihrer gegenwärtigen Situation gerade kein Kind gebrauchen kann, will sie es so schnell wie möglich abtreiben. Aber um das ungeborene Baby zu schützen, würde Gott jetzt souverän eingreifen. Die junge Frau könnte anstellen, was sie wollte, um das ungewollte Kind loszuwerden. Weil Gott nicht zulassen würde, dass unschuldige Kinder sterben, würde es alle Maßnahmen überleben. Würde es dieser Frau gefallen, dass Gott so massiv in ihr »Recht« auf Selbstbestimmung eingreift? Sicherlich nicht. Sie würde dagegen protestieren.

Es ist doch so: Der Sünder möchte sündigen, für die Konsequenzen allerdings will er nicht zuständig sein. Die Schuld schiebt er dann Gott zu. Wenn es um die eigene Freiheit geht, möchten die meisten Menschen gar nicht, dass Gott alles unter Kontrolle hat. Und Gott seinerseits wird diese Kontrolle nicht gegen den Willen der Menschen an sich reißen. Er hätte zwar die Macht dazu, aber er respektiert uns als eigenständige Personen mit einem eigenen Willen.

Gott hat den Menschen als ein moralisch freies Wesen erschaffen. Er wollte keinen vorprogrammierten Roboter haben, sondern ein ebenbürtiges Gegenüber, Menschen mit einem freien Willen, die selbst entscheiden, was sie tun oder lassen wollen. Gott möchte ein Vater von Söhnen und Töchtern sein, die aus freien Stücken und gern mit ihm zusammenleben wollen.

Jeder Einzelne von uns trifft seine eigenen Entscheidungen, wofür wir dann allerdings auch haften, ob es uns so gefällt oder nicht. Jeder ist für sein Leben zuerst selbst verantwortlich und muss spätestens vor Gott als seinem Schöpfer einmal dafür Rechenschaft ablegen. Das war schon in Eden am Anfang der Schöpfung so. Gott pflanzte den Baum der Erkenntnis des Guten und Bösen in die Mitte des Gartens und gebot Adam und Eva, nicht davon zu essen. Es lag allein bei ihnen, sich daran zu halten oder nicht. Leider taten sie es nicht und mussten von nun an Mühsal und Schmerzen erleiden bis hin zum Mord innerhalb der eigenen Familie. Wiederholt betont die Schrift, dass wir selbst den Kurs unseres Lebens bestimmen und nicht Gott.

> Siehe, ich habe dir heute das Leben und das Gute vorgelegt, den Tod und das Böse. Was ich dir heute gebiete, ist, dass du den HERRN, deinen Gott, liebst und in seinen Wegen wandelst und seine Gebote, seine Satzungen und sei-

ne Rechtsbestimmungen hältst, damit du lebst und dich mehrst; und der HERR, dein Gott, wird dich segnen in dem Land, in das du ziehst, um es in Besitz zu nehmen. Wenn sich aber dein Herz abwendet und du nicht gehorchst, sondern dich verführen lässt, andere Götter anzubeten und ihnen zu dienen, so verkünde ich euch heute, dass ihr gewiss umkommen und nicht lange leben werdet in dem Land, in das du über den Jordan ziehst, damit du dorthin kommst und es in Besitz nimmst. Ich nehme heute Himmel und Erde gegen euch zu Zeugen: **Ich habe euch Leben und Tod, Segen und Fluch vorgelegt; so erwähle nun das Leben, damit du lebst**, du und dein Same, indem du den HERRN, deinen Gott, liebst, seiner Stimme gehorchst und ihm anhängst; denn das ist dein Leben und bedeutet Verlängerung deiner Tage, die du zubringen darfst in dem Land, das der HERR deinen Vätern, Abraham, Isaak und Jakob, zu geben geschworen hat.

5 Mose 30,15-20

Das Neue Testament bringt unsere Entscheidungsfreiheit auf den Punkt, indem es unsere Verantwortlichkeit für unser Handeln hervorhebt. Der Römerbrief beschreibt Menschen, die mit Absicht sündigen und sich deshalb immer tiefer darin verstricken. Weil sie Gott ablehnen, lässt er sie gewähren.

Darum hat sie Gott auch dahingegeben ...

Darum hat sie Gott auch dahingegeben ...

Und gleichwie sie Gott nicht der Anerkennung würdigten, hat Gott auch sie dahingegeben in unwürdige Gesinnung, zu verüben, was sich nicht geziemt.

Römer 1,24,26,28

»*Darum hat Gott sie dahingegeben.*« Das bedeutet, dass Gott in das Treiben der Menschen nicht eingreift. Wie schon gesagt, war Gottes Antwort auf das Leid und die durch Sünde verursachten Probleme die Erlösung in Jesus Christus. Er wird im Leben jedes Menschen helfend eingreifen, der sich seiner Herrschaft unterstellt. Alle anderen Menschen überlässt er sich selbst. Früher oder später tragen sie dafür die Konsequenzen und müssen letztendlich vor Gott dafür geradestehen. Paulus schrieb: »*Aber aufgrund deiner Verstocktheit und deines unbußfertigen Herzens häufst du dir selbst Zorn auf für den Tag des Zorns und der Offenbarung des gerechten Gerichtes Gottes, der jedem vergelten wird nach seinen Werken*« (Röm 2,5-6).

Für das eigene Fehlverhalten einzustehen ist unangenehm. Deshalb möchten sich viele Menschen gern vor der Verantwortung drücken und schieben die Schuld lieber anderen zu. Ist kein anderer da, muss eben Gott herhalten. Sehr treffend heißt es im Buch der Sprüche:

Des Menschen Dummheit verdirbt seinen Weg, und alsdann murrt sein Herz wider den HERRN.

Sprüche 19,3 (Schlachter)

> Manch einer ruiniert sich durch eigene Schuld, macht dann aber Gott dafür verantwortlich.
>
> Sprüche 19,3 (Hoffnung für alle)

Heutzutage wird die eigene Schuld eher verdrängt als sich ihr zu stellen. Untersuchungen haben ergeben, dass eine große Anzahl von Häftlingen, die nach einem ordentlichen Prozess für schuldig befunden wurden, sich selbst für unschuldig halten und keinerlei Reue empfinden. Es sei nur eine Verkettung ungünstiger Umstände gewesen, die sie in diese missliche Lage gebracht habe, oder sie hätten einfach nur Pech gehabt, dass gerade sie bei einer Straftat erwischt worden seien. Die Menschen sprechen mehr über ihre Probleme, als über ihre Sünden, die die Probleme verursacht haben.

Das Beispiel Hiobs

Solltest du das Buch Hiob nur vom Hörensagen kennen, möchte ich dich ermutigen, es einmal aufmerksam und vollständig durchzulesen. Es wäre schließlich schade, wenn du aufgrund von bloßen Wissenslücken eine unangemessene Vorstellung von der Aussage des Buches hättest.

Wer die Leidensfrage aus biblischer Sicht betrachten will, kommt ja am Buch Hiob kaum vorbei. Selbst wenn man es aufmerksam durchgelesen hat, kommt es nicht selten zu Fehlinterpretationen, weil grundlegende Regeln der Schriftauslegung außer Acht gelassen wurden.

Zuerst müssen wir beachten, wer wann zu Wort kommt. Zum überwiegenden Teil geht es ja um die Gespräche zwischen Hiob und seinen Freunden. Wie sie das Leiden Hiobs beurteilen und zu erklären versuchen, ist nicht uneingeschränkt Gottes Wort oder eine Offenbarung seines Wesens. Natürlich ist die gesamte Bibel als die Heilige Schrift wahr. Das heißt, was von den Freunden Hiobs berichtet wird, haben sie tatsächlich so gesagt. Es ist aber nicht die vom Geist Gottes inspirierte Wahrheit, die absolut gültig ist. Ihre langen Ausführungen beinhalten einige allgemeine Lebensweisheiten und Erfahrungswerte. Auf die Situation Hiobs bezogen waren sie allerdings völlig unzutreffend. Im letzten Kapitel bezieht Gott selbst Stellung dazu.

> Und es geschah, als der HERR diese Worte an Hiob vollen-
> det hatte, da sprach der HERR zu Eliphas, dem Temaniter:
> **Mein Zorn ist entbrannt über dich und deine beiden Freun-
> de, denn ihr habt nicht recht von mir geredet,** wie mein
> Knecht Hiob. ... Mein Knecht Hiob aber soll für euch bitten;
> denn nur ihn werde ich erhören, **dass ich gegen euch nicht
> nach eurer Torheit handle;** denn ihr habt nicht recht von
> mir geredet, wie mein Knecht Hiob!

Hiob 42,7-8

Gott tadelte ihre Torheit, indem er sagte, dass sie nicht recht von ihm geredet haben, wie Hiob. Daraus könnte man schließen, dass alles, was Hiob sagte, richtig war, wie zum Beispiel »*Der Herr hat gegeben, der Herr hat genommen. Der Name des Herrn sei gelobt!*« (Hiob 1,21). Aber das kann nicht sein, denn auch Hiob wird wegen seiner Äußerungen von Gott zurechtgewiesen: »*Wer verfinstert da den Ratschluss mit Worten ohne Verstand?*« (Hiob 38,2). Plausibler ist es, dass sich der Vergleich »*... wie mein Knecht Hiob*« auf Hiobs Buße und Antwort darauf beziehen.[33]

Der Leser muss also aufpassen, dass er den Inhalt beziehungsweise die Aussage des Buches Hiob nicht verdreht und Gott dadurch in ein falsches Licht stellt, indem er alles als direkte Worte Gottes betrachtet.

---

[33] Siehe Hiob 42,1-6

Weiterhin müssen wir die Bibel als eine Einheit betrachten. Wir dürfen das Buch Hiob nicht aus dem Kontext der übrigen Schriften herauslösen und allein daraus die Leidensfrage beantworten.

Textforscher meinen, dass das Buch Hiob zu den ältesten Schriften der Bibel gehört und die ursprünglichen Manuskripte wahrscheinlich noch vor den Mosebüchern geschrieben wurden. Weil es noch keine schriftlichen Offenbarungen über Gott gab, hatten die Menschen damals nur ein mangelhaftes Wissen über ihn und die geistlichen Prinzipien.

Hiob, der etwa zur Zeit Isaaks und Jakobs lebte, hatte keine Ahnung von der Existenz des Teufels oder davon, was sich zuvor im Himmel abgespielt hatte. Er und seine Freunde konnten das Leben nur aus der eigenen Perspektive beobachten, aus den Abläufen ihre Schlüsse ziehen und dadurch Erfahrungen sammeln.

Adam hatte Gott noch persönlich gekannt. Was von diesem Wissen über Gott durch viele Generationen hindurch bei Hiob angekommen war, beinhaltete, dass der Gottesfürchtige gesegnet ist und der Gottlose früher oder später bestraft wird.

Durch die Schriften des Alten Testamentes hindurch sehen wir, wie die Offenbarungen über Gott und seinen Erlösungsplan für die Menschen immer mehr zunehmen und klarer werden. Es ist wie ein gedimmtes Licht, das langsam immer heller leuchtet. Aber erst in der Person Jesu und durch die Briefe im Neuen Testament erstrahlt das Licht im vollen Glanz. Als Christen können wir das Alte Testament nur in diesem Licht der Erlösung auslegen. Es ist wichtig, dass wir unser Gottesbild hauptsächlich aus dem Neuen Testament beziehen. Auch wenn wir nicht für jeden Bericht im Alten Testament eine umfassende und zufriedenstellende Erklärung haben, dürfen wir auf keinen Fall unsere Vorstellung von einem liebenden und barmherzigen Gott aufgeben.

Um das Beispiel Hiobs bezüglich der Leidensfrage aus dem richtigen Blickwinkel zu sehen, sollten wir beachten, dass seine Leidenszeit nur einige Monate dauerte. Danach lebte er noch 140 Jahre in Frieden und Wohlstand. Gemessen an seiner gesamten Lebenszeit war die Phase seines Leidens nur sehr kurz bemessen. Im Buch Hiob wird uns nicht eine komplette Biographie über ihn gezeigt, sondern wir sehen nur eine Momentaufnahme aus einer Zeit, als er gerade nicht gut drauf war. Aber damit ist er in die Geschichte eingegangen. Selbst über Kirchengrenzen hinaus ist das Geschick Hiobs als der Inbegriff eines leidgeprüften Menschen bekannt geworden. Betrachten wir jedoch die Zeit davor und danach, müssten wir ihn eigentlich als Hiob, den Gesegneten, bezeichnen. Die neutestamentliche Perspektive für Hiob finden wir im Jakobusbrief.

Siehe, wir preisen die glückselig, welche standhaft ausharren! Von Hiobs standhaftem Ausharren habt ihr gehört, und ihr habt das Ende gesehen, das der Herr für ihn bereitet hat; denn der Herr ist voll Mitleid und Erbarmen.

Jakobus 5,11

Der Fokus des Neuen Testamentes ruht auf dem Ende, das Gott ihm bereitet hatte. *»Und der HERR wendete Hiobs Geschick, als er für seine Freunde bat; und der HERR erstattete Hiob alles doppelt wieder, was er gehabt hatte«* (Hiob 42,10).

Hiobs Geschichte

Hiob wird als ein gottesfürchtiger und gerechter Mann beschrieben, der es im Laufe der Jahre zu gewaltigem Reichtum brachte. Irgendwann kam es zu einem Zusammentreffen des Teufels mit Gott. Ich will mich hier nicht in theologische Spitzfindigkeiten verzetteln und ausführlich darauf eingehen, wer die Gottessöhne sind oder was der Teufel im Himmel zu suchen hat. Jedenfalls ist deutlich ersichtlich, dass die Initiative, Hiob zu schaden, vom Teufel ausging und nicht von Gott. Der Teufel unterstellte Hiob, dass er nur aus Eigennutz rechtschaffen lebte. Daraufhin forderte er Gott offen heraus, es darauf ankommen zu lassen und Hiob alles zu nehmen, was er besaß, außer sein nacktes Leben.

Aber strecke doch einmal deine Hand aus und taste alles an, was er hat; lass sehen, ob er dir dann nicht ins Angesicht absagen wird!

Hiob 1,11

Gut, die Initiative ging nicht von Gott aus, aber er ließ sich darauf ein und deshalb ist er auch dafür verantwortlich, oder? Andere sagen, Gott wäre moralisch zu diesem Deal verpflichtet gewesen. Er musste dem Teufel beweisen, dass Hiob auch in schweren Zeiten an seiner Frömmigkeit festhalten wird. Einige Theologen meinen, Hiob hätte von Gott die hohe Berufung bekommen, ihm treu zu bleiben, selbst wenn ihm alles weggenommen wird und schlimmes Leiden sein alltägliches Los wird. Viele Christen schieben ihre persönlichen Schicksalsschläge den »unergründlichen Wegen Gottes zu«.

Die Vorstellung, dass Gott auf unsere Kosten mit dem Teufel eine geheime Abmachung trifft, ist meiner Ansicht nach ungeheuerlich. Lasst uns also genau ansehen, ob es tatsächlich so geschrieben steht.

Das Buch Hiob ist wegen seiner hebräischen Ausdrucksweise und poetisch veränderten Grammatik eine Herausforderung für jeden Übersetzer.[34] Eine Übersetzung ist zum Teil auch eine Auslegung, die sich maßgeblich an der Theologie des Übersetzers anlehnt. Ein zusätzliches Wort oder eine kleine Veränderung im Satzbau kann den Sinn verändern. So ist es durchaus legitim, kritische Verse mit dem Kontext der übrigen Bibel zu vergleichen.

Der Herr fragt Satan, wo er herkomme, worauf dieser antwortet: »*Vom Durchstreifen der Erde und vom Umherwandeln darauf!*« Das bedeutet erst einmal, dass der Teufel nicht überall zugleich sein kann. Er ist nicht allwissend und allgegenwärtig wie Gott. Der Herr fragt ihn: »*Hast du meinen Knecht Hiob be-*

---

[34] »*Genfer Studienbibel*«, Einleitung zum Buch Hiob

achtet?« Das klingt fast so, als ob Gott den Satan auf Hiob erst aufmerksam macht. Wir können es aber auch mit anderer Betonung lesen, nämlich: »*Na, hattest du ein Auge auf Hiob geworfen?*« Oder: »*Du hattest es auf Hiob abgesehen, nicht war?*« Das würde genau auf den Charakter und auf das Agieren Satans zutreffen, wie ihn das Neue Testament beschreibt.

> Seid nüchtern und wacht! Denn euer Widersacher, der Teufel, geht umher wie ein brüllender Löwe und sucht, wen er verschlingen kann.
>
> 1 Petrus 5,8

Der Teufel durchstreift die Erde, und zwar wie ein Raubtier auf der Suche nach Beute. Er hatte versucht, Hiob anzutasten, aber er konnte es nicht. Als Gott ihn damit konfrontierte, hinter Hiob her gewesen zu sein, erwiderte er: *»Ja, aber du hast ihn beschützt, oder?«*

> Hast du nicht ihn und sein Haus und alles, was er hat, ringsum eingehegt?
>
> Hiob 1,10

Ist das nicht bemerkenswert, dass Hiob von einem unsichtbaren Schutzwall umgeben war? Satan kam nicht an ihn heran. Stattdessen forderte er Gott heraus, Hiob Leid zuzufügen. Aber Gott antwortete ihm in Vers 12:

> Da sprach der HERR zum Satan: **Siehe, alles, was er hat, soll in deiner Hand sein;** nur nach ihm selbst strecke deine Hand nicht aus! Und der Satan ging vom Angesicht des HERRN hinweg.

Die Revidierte Elberfelder Bibel übersetzt den markierten Satzteil mit: *»Siehe, alles, was er hat, ist in deiner Hand.«* Mit dieser Betonung ist es weniger eine Erlaubnis, sondern mehr eine Feststellung. Erst einmal müssen wir feststellen, dass Gott seine Hand nicht gegen Hiob ausstreckte. Das bedeutet, dass Gott das nachfolgende Unglück nicht verursachte. Lasst uns dazu Hiob 2,3 lesen.

> Da sprach der HERR zum Satan: Hast du meinen Knecht Hiob beachtet? Denn seinesgleichen gibt es nicht auf Erden, einen so untadeligen und rechtschaffenen Mann, der Gott fürchtet und das Böse meidet; und er hält immer noch fest an seiner Tadellosigkeit, obwohl du mich gereizt hast, ihn ohne Ursache zu verderben!

Dieser Vers hat den gleichen Wortlaut wie der Vers in Kapitel 1,8. Die abrupte Veränderung am Ende macht deutlich, wie der Ankläger, der die erste Runde verloren hat, von Gott auf ironische Weise gedemütigt wird.[35] Dennoch klingt es so, als hätte Gott das Unglück heraufbeschworen: »*... obwohl du mich gereizt hast, ihn ohne Ursache zu verderben.«* Ohne Ursache heißt so viel wie grundlos. Demnach hätte Gott dem Hiob

---

[35] »Genfer Studienbibel«, Kommentar zu Hiob 2,3

grundlos Schaden zugefügt.

Aber auch hier gibt es offensichtlich verschiedene Übersetzungsmöglichkeiten. Das Wort »ohne Ursache«, ist dasselbe, das in Kapitel 1,9 mit »umsonst« übersetzt wird.[36] Doch Gottes Handeln ist nie vergeblich. Wenn wir in diesem Vers statt »ohne Ursache« eher »umsonst« lesen, kann es sich nur auf das erfolglose Bemühen Satans beziehen, Hiob zum Abwenden von Gott zu bringen. In diesem Licht übersetzte es Charles Thomson aus der Septuaginta.

> ... und er hält immer noch fest an seiner Tadellosigkeit, so dass du (Satan) seinen Besitz vernichtet hast, ohne deine Absicht mit ihm erreicht zu haben. [37]

Nun, ich bin kein Experte der alten hebräischen Sprache. Aber wir sehen, dass auch Fachleute einige Verse unterschiedlich übersetzen. Aus der hier zitierten Übersetzung und dem, wie Gott sich in den übrigen Schriften der Bibel offenbart, schließe ich, dass er das Unglück Hiobs nicht verursacht hat. Gott nahm auch den Schutz um Hiob herum, nicht weg, so dass er dem Satan quasi ausgeliefert gewesen wäre. Mit anderen Worten sagte Gott: »*Hiob ist doch in deiner Hand, denn sein Schutz ist bereits von ihm gewichen.*« (Hiob 1,12).

---

[36] »*Genfer Studienbibel*«, Kommentar zu Hiob 2,3

[37] http://thetencommandmentsministry.us/ministry/charles_thomson/job; 2012; Originaltext: »... Still he retaineth his innocence; so that thou hast ordered the destruction of his property, without accomplishing thy purpose.«

Satan hatte Hiob so oft vergeblich angegriffen, dass er schließlich aufgab und ihn zähneknirschend in Ruhe ließ. Deshalb bemerkte er nicht, dass der Schutz um Hiob irgendwann zusammenbrach. Gottes Feststellung darüber muss ihn überrascht haben. Die folgenden Verse zeigen in dramatischer Weise, wie der Teufel die Gelegenheit sofort ergriff, Hiob endlich Schaden zufügen zu können.

Die Frage, die sich jetzt stellt, ist: Was hat den Schutzwall für die Angriffe Satans durchlässig gemacht? Ungerechtigkeit, Schuld oder Gottlosigkeit kann es nicht gewesen sein, denn wiederholt wird seine Frömmigkeit und Tadellosigkeit herausgestellt. Was hat ihn also in eine Position gebracht, in der er der Zerstörungswut Satans schutzlos gegenüberstand? Die Antwort darauf gibt Hiob selbst.

> Denn das Schreckliche, das ich befürchtet habe, ist über mich gekommen, und wovor mir graute, das hat mich getroffen.
>
> Hiob 3,25

Angst öffnete die Tür für Satan. Hiob wusste darüber nicht Bescheid, denn zu seiner Zeit gab es noch keine Bibel. Das geistliche Prinzip des Glaubens war ihm unbekannt, trotzdem war es wirksam wie das physikalische Gesetz der Schwerkraft. Angst oder Furcht ist auch ein Glaube, aber in seiner negativen Form. Dieses geistliche Gesetz lautet: Wir bekommen, was wir glauben und daraufhin aussprechen. Nicht umsonst heißt es hunderte Male in der Bibel: »Fürchtet euch nicht!«.

Hiob verhielt sich wie viele Christen heute. Er machte sich Sorgen über Sorgen, so dass er innerlich nicht zur Ruhe kam.

> Denn ich fürchtete einen Schrecken, und er traf mich, und vor dem mir bangte, das kam über mich. Ich war nicht ruhig, und ich rastete nicht und ruhte nicht, da kam das Toben.
>
> Hiob 3,25-26 (Elb)

Ein abschließendes Wort zu Hiob

Viele Christen vergleichen ihre Notlagen mit dem bitteren Leiden Hiobs. Aber ich meine, dass ein solcher Vergleich nicht angemessen ist. Nicht deshalb, weil von Hiob gesagt ist, dass er tadellos gewesen sei und wir an diesen Standard nicht heranreichen würden, sondern weil wir als Gläubige heute in einem anderen Zeitalter leben.

Es gibt zwei wesentliche Unterschiede zwischen uns und Hiob. Zum einen hatte Hiob keinen Bund mit Gott und zum anderen war er nicht erlöst. Hiob hatte keinen Bund mit Gott wie Abraham, Isaak oder Jakob. Er liebte Gott und folgte seinem Gewissen, weshalb er gesegnet war. Aber er hatte keinen Anspruch auf Gottes Schutz. Er hatte keine Verheißung, auf die er sich berufen konnte. Nun gut, Hiob ließ Furcht und Sorgen in sein Leben und Denken hinein und hat damit unbewusst seinem Unglück Vorschub geleistet. Aber hätte Gott ihn nicht trotzdem beschützen können? Warum ließ er Hiob leiden?

Wenn wir die Geschichte der Erzväter und des Volkes Israel studieren, erkennen wir den Wert und den Segen des Bundes mit Gott. Eigentlich müssten wir die Frage andersherum stellen, nämlich: Warum hat sich Gott dem Hiob trotzdem offenbart und ihn aus seiner Not gerettet, obwohl er nicht sein Bundespartner war? Ich glaube, es war allein das Erbarmen und die Liebe Gottes.

Desweiteren war Hiob auch nicht durch das Blut Jesu erlöst wie wir Christen heute. Durch die Erlösung leben wir unter einem neuen und sogar besseren Bund als die Israeliten damals. Wir leben in der Gnade Gottes. Wir haben nichts verdient, aber in Christus ist uns alles geschenkt worden.

Im folgenden Kapitel wollen wir die Bedeutung der Erlösung noch genauer betrachten.

Das Potential der Erlösung

Viele Menschen beziehen ihr Gottesbild aus grausamen Geschichten des Alten Testaments, von denen sie gehört haben. Selbst Christen identifizieren sich manchmal mit leidenden Gestalten aus alttestamentlichen Zeiten. Deshalb brauchen wir einen klaren Blick für die Realität und Bedeutung der Erlösung. Wer die Herrlichkeit Gottes in seiner Schöpfung und die Konsequenzen des Sündenfalls betrachtet, dem sollte sich die Tragweite seiner Erlösung ganz logisch erschließen.

Uns sind nicht nur die eigenen Sünden vergeben worden, sondern Jesus hat uns aus dem Sündenproblem als solchem gerettet und damit auch von den bitteren Konsequenzen des Sündenfalls befreit.[38] So, wie durch die Sünde Adams Leid, Unheil und Tod in die Welt kam, brachte Jesus infolge der Erlösung Leben und volle Genüge zu uns.[39] Wir sind frei von der Gesetzmäßigkeit der Sünde und des Todes, die durch die Rebellion im Garten Eden in Gang gesetzt wurde. Christus hat uns erlöst vom Fluch des Gesetzes. Stattdessen sind wir gesegnet mit allem geistlichen Segen, den Adam vor dem Sündenfall hatte.

Ich will damit sagen, dass die Erlösung neben der

---

[38] Vergl. Römer 8,1-2; Galater 3,13-14; Epheser 1,3

[39] Vergl. Johannes 10,10

Sündenvergebung und dem ewigen Leben auch einen physisch erlebbaren Segen im Hier und Jetzt beinhaltet. Da es in diesem Buch besonders um die Hintergründe von physischen Leiden geht, möchte ich hauptsächlich körperliche Unversehrtheit und Bewahrung vor Unglück hervorheben.

Die Erlösung beinhaltet körperliches Wohlergehen, auch wenn unser Körper noch nicht in dem Sinne erlöst wurde, dass wir einen verherrlichten Leib besitzen. Wir werden also physisch noch sterben, wenn Jesus nicht vorher wiederkommt.

> Er hat unsere Sünden selbst an seinem Leib getragen auf dem Holz, damit wir, den Sünden gestorben, der Gerechtigkeit leben mögen; durch seine Wunden seid ihr heil geworden.
>
> 1 Petrus 2,24

»Heil geworden« heißt, genau genommen, »geheilt worden«. Das griechische Wort iaomai schließt beides ein: Die Aufhebung der Krankheit und die Ausrüstung mit Gesundheit.[40] Dass es sich hierbei tatsächlich um körperliche und nicht nur um »geistliche« Heilung von der Sünde handelt, belegen weitere Hinweise im Neuen Testament. Jesus sagte von den Gläubigen, dass sie in seinem Namen Kranken zur Genesung die Hände auflegen werden. Paulus schrieb an die Korinther, dass die Erlösung auch ihren Körper einschließt. Im Jakobusbrief werden wir aufgefordert, füreinander um Heilung

---

[40] »Sprachlicher Schlüssel zum Griechischen Neuen Testament«, Fritz Rienecker

zu beten, sollte jemand krank sein.[41]

Das Bild von Jesus als dem guten Hirten beinhaltet Versorgung und Bewahrung. Ich glaube, dass Jesus, als er im Johannesevangelium Kapitel 10 das Gleichnis erzählte, den Psalm 23 im Blick hatte, in dem es heißt: Weil der Herr unser Hirte ist, brauchen wir kein Unglück fürchten. In dieser Weise hat er seine Jünger bewahrt: »*Als ich bei ihnen in der Welt war, bewahrte ich sie in deinem Namen; die du mir gegeben hast, habe ich behütet, und keiner von ihnen ist verlorengegangen ... .*« (Joh 17,12). Dann betete er für sie, dass sie auch nach seiner Himmelfahrt vor dem Bösen bewahrt bleiben.[42]

Wenn wir auch inmitten dieser gefallenen Welt leben, sind wir als Erlöste ihren zerstörerischen Kräften nicht ausgeliefert.[43] Paulus jedenfalls glaubte an den Schutz Gottes. »*Im übrigen betet für uns, ihr Brüder ... dass wir errettet werden von den verkehrten und bösen Menschen ... Aber der Herr ist treu; er wird euch stärken und bewahren vor dem Bösen.*« (2 Thess 3,1-3). Gott bewahrte ihn in gefährlichen Situationen und rettete ihn. »*Er hat uns denn auch aus solch großer Todesgefahr gerettet und rettet uns noch; und wir hoffen auf ihn, daß er uns auch ferner retten wird.*« (2 Kor 1,10).

Eigentlich sind Wohlergehen und Sicherheit nicht nur Segnungen aufgrund der Erlösung. Es sind Wohltaten aufgrund

---

[41] Siehe Markus 16,18; 1 Korinther 6,19-20; Jakobus 5,14-16

[42] Siehe Johannes 17,15

[43] Vergl. Galater 1,4; 2 Petrus 1,4

der Bundestreue Gottes gegenüber seinem Volk. Darum finden wir viele Beispiele dafür schon im Alten Testament. Wieviel mehr gilt das jetzt uns, die wir Söhne und Töchter Gottes geworden sind! Deshalb beinhalten bestimmte Aussagen darüber aus dem Alten Testament durchaus neutestamentliche Wahrheiten. Was den Schutz Gottes vor Unglück in jeder Form betrifft, bringt es der Psalm 91,1-16 auf den Punkt:

> Wer unter dem Schirm des Höchsten sitzt, der bleibt unter dem Schatten des Allmächtigen.
>
> Ich sage zu dem HERRN: Meine Zuflucht und meine Burg, mein Gott, auf den ich traue!
>
> Ja, er wird dich retten vor der Schlinge des Vogelstellers und vor der verderblichen Pest;
>
> er wird dich mit seinen Fittichen decken, und unter seinen Flügeln wirst du dich bergen; seine Treue ist Schirm und Schild.
>
> Du brauchst dich nicht zu fürchten vor dem Schrecken der Nacht, vor dem Pfeil, der bei Tag fliegt,
>
> vor der Pest, die im Finstern schleicht, vor der Seuche, die am Mittag verderbt.
>
> Ob tausend fallen zu deiner Seite und zehntausend zu deiner Rechten, so wird es doch dich nicht treffen;
>
> ja, mit eigenen Augen wirst du es sehen, und zuschauen, wie den Gottlosen vergolten wird.
>
> Denn du sprichst: Der HERR ist meine Zuversicht! Den

Höchsten hast du zu deiner Zuflucht gemacht;

kein Unglück wird dir zustoßen und keine Plage zu deinem Zelt sich nahen.

Denn er wird seinen Engeln deinetwegen Befehl geben, daß sie dich behüten auf allen deinen Wegen.

Auf den Händen werden sie dich tragen, damit du deinen Fuß nicht an einen Stein stößt.

Auf den Löwen und die Otter wirst du den Fuß setzen, wirst den Junglöwen und den Drachen zertreten.

»Weil er sich an mich klammert, darum will ich ihn erretten; ich will ihn beschützen, weil er meinen Namen kennt.

Ruft er mich an, so will ich ihn erhören; ich bin bei ihm in der Not, ich will ihn befreien und zu Ehren bringen.

Ich will ihn sättigen mit langem Leben und ihn schauen lassen mein Heil!«

Angesichts dieser großartigen Zusage Gottes sollte es eigentlich gar nicht vorkommen, dass Christen Unglück erleben. Doch offensichtlich sind auch sie oftmals davon betroffen. Wie kann es sein, dass auch Christen leiden?

Als junger Christ war ich so geprägt, dass Gott zwar immer bei uns ist, aber was die handfesten Probleme betrifft, müssen wir unser Leben ebenso fristen wie alle anderen. Ich war der Ansicht, den Nöten, Krankheiten und Katastrophen genauso ausgeliefert zu sein wie sie. Der Glaube hatte für mich eher einen ideellen Wert, indem Gott uns bei einem Unglück tröstet und unsere Krankheit tragen hilft. Deshalb bezog ich Gott nur selten in mein tägliches Leben mit ein.

Dann erfuhr ich, dass Gott in seinem Wort unter anderem verheißt, uns zu heilen und vor Unglück zu bewahren. Je mehr ich seitdem lerne, Gott diesbezüglich zu vertrauen, erlebe ich, dass in meiner Familie immer seltener Krankheit auftritt. Genauso habe ich mir angewöhnt, vor jeder Reise den Schutz Gottes in Anspruch zu nehmen.

Leider ist es so, dass zu viele Gläubige über die Tragweite der Erlösung kaum Bescheid wissen und so unnötig unter den Konsequenzen des Sündenfalls leiden. »Was geschieht, das geschieht eben. Ich bin in Gottes Hand«, ist die landläufige Haltung. Deshalb ist es nicht verwunderlich, dass sie auch dieselben Dinge durchleiden wie alle anderen. Sie meinen, ihr Heil und Wohlergehen würde einzig von Gott abhängen. »Wenn Gott will, dass es mir gut geht, dann wird Er mich schon segnen, und zwar wie und wann Er will. Es liegt alles nur an Gott!« Notlagen werden obendrein als die unausforschliche Weisheit Gottes angesehen. Jemand sagte einmal: »Ich nehme alles aus Gottes Hand, auch das Schlechte. Gott allein weiß, wozu das alles gut ist!« Das ist Fatalismus - ein »Sich-dem-Schicksal-fügen«. Jedenfalls ist es kein bibelkonformes Glaubensleben, denn die Verantwortung des Menschen wird hier außer Acht gelassen.

Der Segen der Heilung und Bewahrung kommt nicht automatisch über uns, nur weil Gott ihn uns verheißen hat. Er muss wie die Erlösung selbst im Glauben in Anspruch genommen werden. Glauben heißt, das, was Gott uns in seiner Gnade darreicht, auch für sich persönlich zu ergreifen. So wie die kranke Frau, die zu Jesus kam und ihre Heilung ergriff. Jesus sagte ihr: *"Dein Glaube hat dich gerettet!"* (Mark 5,34). Den *Segen* Abrahams, von dem Galater 3,14 berichtet, erleben wir nur durch den *Glauben* Abrahams[44].

Ja, wir leben zusammen mit den Nichtchristen in derselben Welt und werden mit denselben Nöten und Problemen konfrontiert. Wenn wir aber auch genauso davon bedrängt sind, so brauchen wir uns davon nicht erdrücken lassen.

In seinem Buch »Der Segen des Herrn« berichtet Kenneth Copeland von einer Gemeinde, von der die meisten Mitglieder im damaligen World Trade Center oder in unmittelbarer Nähe davon arbeiteten. Aber niemand von ihnen kam zu Schaden, als die Zwillingstürme einstürzten. Durch Gottes Eingreifen waren sie alle an diesem Morgen zu spät dran, so dass sie nicht rechtzeitig zur Arbeit kamen und das Unglück sie nicht traf. Ein Mann aus der Gemeinde war schon im Gebäude auf dem Weg zu seinem Büro, als er eine innere Stimme vernahm: »Renne hinaus!«. Er gehorchte sofort. Kaum hatte er sich in Sicherheit gebracht, da schlug das erste Flugzeug ein. Als für den zweiten Turm Entwarnung gegeben wurde, ging eine Frau aus der Gemeinde mit vielen anderen wieder hinein. Aber Gott gebot ihr, das Gebäude zu verlassen und so viele wie möglich mitzunehmen. Auf dem Weg zum Ausgang warnte sie so viele

---

44 siehe Römer 4,12-24

Menschen wie sie konnte und wer ihr folgte, wurde an diesem Tag zusammen mit ihr gerettet.[45]

Gott ist gut und er will, dass es uns gut geht. Er möchte, dass wir bei bester Gesundheit und in Frieden und Sicherheit leben. Manche Christen, die zwar um den Segen Gottes wissen, sind ihn ihrem Glaubensleben aber so ungeübt, dass sie in Zeiten der Not unfähig sind, von Gott Hilfe zu empfangen und damit nur auf sich allein angewiesen sind.

Damit Gott für unsere Sicherheit sorgen und uns vor Unglück bewahren kann, brauchen wir eine so enge Beziehung zu ihm, dass wir sein Reden zu uns hören können. Wir müssen in unserer geistlichen Kondition so auf der Höhe sein, dass wir Anweisungen von ihm empfangen und ihnen augenblicklich folgen können.

---

[45] *»The Blessing of the Lord«*, Kenneth Copeland, S.287-288

Die Verantwortung der Christen

Wer an Jesus Christus glaubt, ist aus Sünde und Tod herausgerettet. Das Heil in Christus ist ein unschätzbarer Segen, wofür wir Gott unaufhörlich danken. Doch unsere Errettung mit allem nachfolgenden Segen beinhaltet gleichzeitig eine große Verantwortung. Wir sind gesegnet, um für andere ein Segen zu sein.[46] Die Welt soll durch uns gesegnet werden. In diesem Sinne sind wir Salz und Licht für die Welt.

Ist dir schon mal aufgefallen, dass Jesus nach seiner Auferstehung kein einziges Wunder mehr tat und niemanden mehr heilte? Das fällt deshalb so auf, weil er zuvor beinahe täglich Heilungen und Wunder wirkte. Über einen Zeitraum von vierzig Tagen bewegte er sich noch auf der Erde, bevor er wieder in den Himmel auffuhr. Er war mit seinen Jüngern zusammen und lehrte sie über das Reich Gottes, aber er hat nicht mehr eingegriffen, um eine physische Not zu lindern. Warum griff Jesus in den Lauf der Welt nicht mehr ein? Er tat es nicht, weil er dafür nicht länger zuständig war. Von nun an sollten seine Jünger mit derselben Autorität und Kompetenz, mit der er selbst auf der Erde wirkte, sein Werk fortsetzen. Einen Einblick in diese Vollmacht bekommen wir in Lukas 10,19:

---

46 Vergl. 1 Petrus 3,9

Siehe, ich gebe euch die Vollmacht, auf Schlangen und Skorpione zu treten, und über alle Gewalt des Feindes; und nichts wird euch in irgendeiner Weise schaden.

Jesus hat seinen Namen und seine Autorität auf uns, seine Nachfolger übertragen.

Wahrlich, wahrlich, ich sage euch: Wer an mich glaubt, der wird die Werke auch tun, die ich tue, und wird größere als diese tun, weil ich zu meinem Vater gehe. Und alles, was ihr bitten werdet in meinem Namen, das will ich tun, damit der Vater verherrlicht wird in dem Sohn. Wenn ihr etwas bitten werdet in meinem Namen, so werde ich es tun.

Johannes 14,12-14

Heißt das etwa, dass die Christen jetzt die Welt aus allen Problemen, vor Kriegen, Naturkatastrophen und Epidemien retten sollen? Sicherlich nicht. Das wird erst geschehen, wenn Jesus in Macht und Herrlichkeit wiederkommt und das tausendjährige Friedensreich beginnt. Aber Gott will sein Reich auf dieser Erde bauen und ausbreiten. Diesbezüglich gab Jesus seinen Jüngern einen Auftrag, der allen Christen gilt.

Und Jesus trat herzu, redete mit ihnen und sprach: Mir ist gegeben alle Macht im Himmel und auf Erden. So geht nun hin und macht zu Jüngern alle Völker, und tauft sie auf den Namen des Vaters und des Sohnes und des Heiligen Geistes und lehrt sie alles halten, was ich euch befohlen habe.

Und siehe, ich bin bei euch alle Tage bis an das Ende der Weltzeit! Amen.

Matthäus 28,18-20

Und er sprach zu ihnen: Geht hin in alle Welt und verkündigt das Evangelium der ganzen Schöpfung! Wer glaubt und getauft wird, der wird gerettet werden; wer aber nicht glaubt, der wird verdammt werden.

Markus 16,15-16

Die vorrangige Aufgabe für einen jeden Christen besteht darin, die frohe Botschaft vom Heil in Jesus Christus anderen Menschen weiterzusagen. Je mehr das Evangelium ausgebreitet wird, um so mehr Menschen erhalten die Chance, auch gerettet zu werden. Stell dir vor, was das verändern würde, wenn in deiner Stadt viel mehr Menschen als bisher die rettende Botschaft hören und "Ja" zu Jesus sagen würden. Dann würden weniger Menschen in Sünde leben, das heißt, es geschähen weniger Untaten. Als Folge kämen weniger »Unschuldige« zu Schaden.

Weiterhin werden wir aufgefordert, ernsthaft für die Regierenden und alle über uns stehenden Verantwortlichen zu beten.

So ermahne ich nun, dass man vor allen Dingen Bitten, Gebete, Fürbitten und Danksagungen darbringe für alle Menschen, für Könige und alle, die in hoher Stellung sind, damit wir ein ruhiges und stilles Leben führen können in aller Gottesfurcht und Ehrbarkeit; denn dies ist gut und angenehm vor Gott, unserem Retter, welcher will, dass alle Menschen gerettet werden und zur Erkenntnis der Wahrheit kommen.

1 Timotheus 2,1-4

Was wäre, wenn auf der Vorstandsebene von Konzernen und in Regierungskreisen Entscheidungen auf der Grundlage biblischer Werte getroffen würden, weil für sie gebetet wird? Das würde so manche Not lindern, Ungerechtes eindämmen und hausgemachte Katastrophen verhindern.

Dort, wo wir uns befinden, ist das Reich Gottes nahe herbeigekommen und die Macht der Finsternis wird zurückgedrängt. Was wäre, wenn mehr Christen ihre gottgegebene Autorität im Namen Jesu wahrnehmen und den zerstörerischen Werken des Teufels in ihrem Lebensbereich entgegentreten würden? Wenn sie Menschen heilen und befreien und den Stürmen des Lebens gebieten würden?

Wenn die Gläubigen ihre Position in Christus einnehmen und beginnen, gemäß Römer 5,17 im Leben zu herrschen, werden sie persönlich weniger von den Nöten der Welt betroffen sein und können anderen, die in Not sind, effektiver helfen.

Die Gläubigen haben durch Christus Autorität bekommen,

Dinge zu verändern und dem Bösen entgegenzutreten. Angesichts dieser biblischen Tatsache sollten wir uns selbst einmal fragen, warum *wir* soviel Schlechtes in der Welt zulassen.

Angesichts unseres Auftrages können wir unsere Verantwortung nicht einfach wegschieben. Wir sollten sie vermehrt wahrnehmen und das Reich Gottes und das damit einhergehende Heil in Christus ausbreiten.

Kapitel 3

Leiden und Lohn echter Nachfolge

Im vorigen Kapitel haben wir uns mit dem Leid beschäftigt, das als Folge des Sündenfalls in die Welt kam. In seiner unermesslichen Liebe hat uns Gott sein Heil in Christus zugutekommen lassen. Bezüglich des Unheils in dieser Welt ist durch die Erlösung für die Gläubigen Vorsorge getroffen worden, so dass für sie viel von dem Leid in dieser Welt vermeidbar geworden ist.

Jetzt wollen wir uns einer besonderen Art von Leid zuwenden, die sich völlig von Krankheit, Naturkatastrophen und dergleichen unterscheidet. So paradox es erst einmal klingen mag, aber es gibt Leiden, die erst durch die Erlösung ausgelöst beziehungsweise verursacht werden und die demnach nur die Gläubigen erleben. Diese ganz andere Art des Leidens wird im Neuen Testament auch Anfechtung, Trübsal oder Bedrängnis genannt. Es geht hier um die Leiden und Mühen echter Nachfolge. Es ist nämlich ganz und gar nicht so, dass das Christsein einem unbeschwerten Wandern auf sonnigen Höhen gleicht. Wir müssen auf unserem Glaubensweg Kämpfe bestehen, uns Herausforderungen stellen und Schwierigkeiten überwinden.

Wenn das so aussieht, könnte man fragen, warum sich jemand dann auf ein Leben als Christ einlassen sollte. Kommen wir da nicht vom Regen in die Traufe? Deshalb möchte ich auch in diesem Kapitel den Blick zuerst auf die Güte Gottes richten und auf den Lohn, der uns erwartet, wenn wir Jesus nachfolgen.

Gott ist denen, die ihm vertrauen und ihm dienen, immer ein Belohner gewesen.[47] Durch die Ewigkeit bekommt unsere zeitliche Existenz wirklich Sinn. Deshalb sollten wir viel mehr himmelwärts gerichtet leben als bisher. Damit meine ich nicht ein billiges Vertrösten auf ein besseres Jenseits, sondern den Blick auf die ewigen Auswirkungen unseres zeitlich begrenzten Lebens.

Paulus, der unermüdlich im Dienste Gottes gearbeitet hatte, schrieb am Ende seines Lebens:

> Denn ich werde schon geopfert, und die Zeit meines Aufbruchs ist nahe. Ich habe den guten Kampf gekämpft, den Lauf vollendet, den Glauben bewahrt. Von nun an liegt für mich die Krone der Gerechtigkeit bereit, die mir der Herr, der gerechte Richter, an jenem Tag zuerkennen wird, nicht aber mir allein, sondern auch allen, die seine Erscheinung liebgewonnen haben.
>
> 2 Timotheus 4,6-8

Paulus sah seinen Dienst und sein Leben als einen Lauf an. So ist auch unser Leben vergleichbar mit einem Marathonlauf, in dem wir alle laufen. Selbst heute ist dieser Begriff noch geläufig, wenn beispielsweise jemand bei einer Bewerbung nach seinem Lebenslauf gefragt wird. Es gibt auch einen christlichen Le-

---

[47] Vergl. 2 Chronik 16,9; Hebräer 11,6

benslauf. Solch ein Lauf ist länger, als manche denken. Ein guter Start ist vorteilhaft, aber wirklich entscheidend ist, dass wir uns im richtigen Lauf befinden und wie wir ihn beenden. Paulus wusste, dass sein Lauf beendet war und sein Lohn im Himmel auf ihn wartete.

Wer mit Jesus läuft, hat schon gewonnen, denn Jesus hat bereits für uns gekämpft und sein Sieg ist auch unser Sieg. Wer an Jesus glaubt und mit ihm lebt, wird eines Tages bei ihm im Himmel sein. Es gibt eine Krone zu gewinnen.

In der griechischen Sprache gibt es zwei Wörter für die Krone: *diadema* und *stephanos.* Damals war das *diadema* ein halbkreisförmiges goldenes Stirnband, das sowohl die Macht als auch die Würde eines Herrschers symbolisierte. So sehen wir Jesus in der Offenbarung als unseren gekrönten König.[48] Wenn aber von den Gläubigen die Rede ist, wird immer *stephanos* benutzt. Der *Stephanos* wird in den meisten Bibeln zwar mit *Krone* übersetzt, bezeichnet aber eigentlich einen Kranz aus natürlichen oder künstlich aus Edelmetall angefertigten Blättern. Solch einen Kranz bekamen die Sieger eines Wettkampfes überreicht und er wurde von siegreichen Feldherren bei ihrem Triumphzug getragen.

Der *Stephanos*, also der Siegeskranz, wird dem Überwinder als Lohn verliehen. In seiner Botschaft an die sieben Gemeinden in Kleinasien verhieß der auferstandene Christus einen Lohn, den diejenigen empfangen, die im Reich Gottes gearbeitet und

---

[48] Vergl. Offenbarung 19,12

den Versuchungen zur Sünde widerstanden haben sowie in den Verfolgungen standhaft geblieben sind.

> Wer überwindet, dem will ich zu essen geben von dem Baum des Lebens, der in der Mitte des Paradieses Gottes ist.
>
> Sei getreu bis in den Tod, so werde ich dir die Krone des Lebens geben!
>
> Wer überwindet, dem werde ich von dem verborgenen Manna zu essen geben ...
>
> ... dem werde ich Vollmacht geben über die Heidenvölker
>
> Offenbarung 2,7.10.17.26

> ... der wird mit weißen Kleidern bekleidet werden; und ich will seinen Namen nicht auslöschen aus dem Buch des Lebens ...
>
> ... den will ich zu einer Säule im Tempel meines Gottes machen, und er wird nie mehr hinausgehen; und ich will auf ihn den Namen meines Gottes schreiben ...
>
> ... dem will ich geben, mit mir auf meinem Thron zu sitzen, so wie auch ich überwunden habe und mich mit meinem Vater auf seinen Thron gesetzt habe.
>
> Offenbarung 3,5.12.21

Vielleicht verstehen wir noch nicht jede dieser Aussagen in

ihrer ganzen Fülle, aber sie zeigen uns, dass ein großartiges Erbe auf uns wartet.[49] Dieses Erbe, einschließlich unserm Lohn, ist Teil unserer Hoffnung, die uns in diesem Leben festen Halt gibt.[50]

Wir sollten eine Vorfreude auf den Himmel entwickeln. Nicht umsonst macht uns die Schrift wiederholt auf unsere Belohnung aufmerksam. Ja, es stimmt, dass wir uns den Himmel nicht verdienen können. Errettung ist das Gnadengeschenk Gottes. Aber es gibt auch einen Lohn für unsere Treue, unsere Arbeit, unsere Lebensführung und wie wir andere Diener Gottes behandelt haben.[51] Es lohnt sich offensichtlich, sein Leben in den Himmel zu investieren, denn gemessen an der Ewigkeit ist unsere irdische Existenz nur von kurzer Dauer.

Echter Glaube und ernsthafte Nachfolge werden aber zum Teil auch schon in diesem Leben belohnt.[52] Wer zum Beispiel bezüglich Partnerschaft nach der Weisheit der Bibel lebt, erfährt auch den Segen einer glücklichen Ehe. Oder erinnern wir uns an die Verheißung in Galater 6,9: »*Lasst uns aber im Gutestun nicht müde werden; denn zu seiner Zeit werden wir auch ernten, wenn wir nicht ermatten.*« Wer Gottes Wort in seinem Leben umsetzt, wird in diesem Leben früher oder später den Segen daraus ernten.

---

49 Vergl. 1 Petrus 1,3-5

50 Vergl. Hebräer 6,18-19

51 Vergl. Matthäus 10,41; 25,21; 1 Korinther 3,14; Kolosser 3,24;

52 Vergl. Lukas 18,28-30

Trotzdem sollten wir den höheren Zweck unseres Lebens nicht aus den Augen verlieren. Denn letztlich ist auch jeder Segen wieder dazu da, dass wir im größeren Maße zum Segen sein können.[53]

Nachdem wir den großartigen Lohn betrachtet haben, der uns in unserem Leben für Gott zu immer mehr Hingabe und Eifer beflügeln sollte, wollen wir jetzt den Fokus auf die Mühen und den Preis ernsthafter Nachfolge legen. Wir wollen die verschiedenartigen Leiden der christlichen Lebensweise im Einzelnen betrachten, die ich in zwei Kategorien einteilen möchte: Leiden durch Verfolgungen und Leiden während unserer Nachfolge in der Schule Gottes. Ersteres ist der Hass der Welt, dem wir ausgesetzt sind, und das Zweite ist der Druck, dem wir uns als Jünger, das heißt Schüler, selbst aussetzen müssen, um zur Reife zu gelangen.

---

[53] Vergl. 1 Petrus 3,9

Verfolgungen

Verfolgungen sind nicht von Gott zu irgendeinem höheren Zweck initiiert, sondern sie machen deutlich, dass wir uns mitten in einem Kampfgebiet befinden. Der Hass des Teufels gegen Gott richtet sich auf der Erde gegen die Gläubigen. Dafür benutzt er Menschen, die offen für seine Einflüsse sind.

Die Schreiber des Neuen Testamentes sagen ganz offen, dass die Nachfolger Jesu um ihres Glaubens willen verfolgt werden. Auch Jesus war massivem Verfolgungsdruck ausgesetzt und er ließ keinen Zweifel daran, dass es uns genauso ergehen würde.

> Wenn euch die Welt hasst, so wisst, dass sie mich vor euch gehasst hat. Wenn ihr von der Welt wärt, so hätte die Welt das Ihre lieb; weil ihr aber nicht von der Welt seid, sondern ich euch aus der Welt heraus erwählt habe, darum haßt euch die Welt. Gedenkt an das Wort, das ich zu euch gesagt habe: Der Knecht ist nicht größer als sein Herr. **Haben sie mich verfolgt, so werden sie auch euch verfolgen;** haben sie auf mein Wort argwöhnisch achtgehabt, so werden sie auch auf das eure argwöhnisch achthaben. Aber das alles werden sie euch antun um meines Namens willen; denn sie kennen den nicht, der mich gesandt hat.
>
> Johannes 15,18-21

Der Sohn Gottes kam zwar in sein Eigentum, aber er schien

ein lästiger Fremdling unter seinem eigenen Volk zu sein. Schon kurz nach seiner Geburt wollte Herodes ihn umbringen, weil er um seinen Thron fürchtete. Gleich nachdem Jesus öffentlich auftrat, versuchten ihn die Einwohner seiner Heimatstadt Nazareth von der Klippe zu stürzen. Seine Botschaft vom Reich Gottes und sein Verhalten verärgerten die Pharisäer so sehr, dass sie ihn permanent umlauerten und nach Gelegenheiten suchten, ihn zu ergreifen.

Seinen Jüngern erging es nach ihm nicht besser. Weil sie das Heil im Namen Jesu verkündigten, wurden sie vor Gericht gestellt, geschlagen, ins Gefängnis geworfen und hingerichtet. Doch sie ließen sich davon nicht abschrecken. Im Gegenteil. Es beflügelte sie umsomehr und voller Eifer breiteten sie die Heilsbotschaft immer weiter aus.

Paulus war unermüdlich damit beschäftigt, den Juden wie den Heiden das Evangelium zu bezeugen. Während seiner Missionstätigkeit wurde er aus Antiochia vertrieben und aus Ikonium floh er, bevor sie ihn töten konnten. Doch sie verfolgten ihn weiter bis nach Lystra und steinigten ihn dort. Nur durch die Gnade Gottes blieb Paulus am Leben. Im Grunde war sein ganzes Leben seit seiner Bekehrung bei Damaskus geprägt von den Nachstellungen seiner Gegner. Er starb, wie alle übrigen Jünger Jesu, schließlich den Märtyrertod.

Durch die gesamte Kirchengeschichte hindurch hat die Gemeinde Jesu zum Teil grausame Verfolgung erlitten. Es gibt auch heute viele Berichte besonders aus moslemischen und kommunistischen Ländern, in denen Christen systematisch verfolgt werden. Sie sind unvorstellbarem psychischen Druck und körperlichem Leid ausgesetzt. Sie werden zu langjährigen Haftstrafen verurteilt, grausam gefoltert und hingerichtet.

Manche Christen aus einem relativ behüteten Umfeld in der westlichen Welt sind der Ansicht, dass sie diese Art der Verfolgung nicht über sich ergehen lassen müssten. Für sie bedeutet Verfolgung nur bloße Anfeindung und vielleicht noch Bedrohung, aber auf keinen Fall einen tatsächlichen Angriff auf Leib und Leben. Sie meinen, wer nur richtig glaubt und den Schutz Gottes für sich in Anspruch nimmt, bleibt davor verschont. Sehr gut hat es Tony Cooke auf den Punkt gebracht, als er schrieb: »Manche Leute meinen, wenn man nur genug Glauben hat und im Willen Gottes ist, kommt man nie in Schwierigkeiten. Wenn das wahr wäre, hätte Paulus keinen Glauben gehabt und wäre selten im Willen Gottes gewesen.«[54] Es ist eben nicht so, dass das Christsein einem Strandurlaub im Liegestuhl gleicht. Paulus und die ersten Christen erlebten durchweg große Schwierigkeiten und schlimme Verfolgungen. Die folgenden Bibelstellen geben uns einen Eindruck davon:

> ... dabei stärkten sie die Seelen der Jünger und ermahnten sie, unbeirrt im Glauben zu bleiben, und sagten ihnen, **dass wir durch viele Bedrängnisse in das Reich Gottes eingehen müssen.**
>
> Apostelgeschichte 14,22

---

[54] »*Grace, the DNA of God*«, Tony Cooke, S.137

... dass ihr fest steht in einem Geist und einmütig miteinander kämpft für den Glauben des Evangeliums und euch in keiner Weise einschüchtern lasst von den Widersachern, was für sie ein Anzeichen des Verderbens, für euch aber der Errettung ist, und zwar von Gott. Denn euch wurde, was Christus betrifft, die Gnade verliehen, nicht nur an ihn zu glauben, **sondern auch um seinetwillen zu leiden, so dass ihr denselben Kampf habt, den ihr an mir gesehen habt** und jetzt von mir hört.

Philipper 1,27-30

Und ihr seid unsere und des Herrn Nachahmer geworden, **indem ihr das Wort unter viel Bedrängnis aufgenommen habt** mit Freude des Heiligen Geistes.

1 Thessalonicher 1,6

Denn ihr wisst selbst, Brüder, dass unser Eingang bei euch nicht vergeblich war; sondern, obwohl wir **zuvor gelitten hatten und misshandelt worden waren in Philippi,** wie ihr wißt, gewannen wir dennoch Freudigkeit in unserem Gott, euch das Evangelium Gottes zu verkünden unter viel Kampf.

1 Thessalonicher 2,1-2

Denn ihr, Brüder, seid Nachahmer der Gemeinden Gottes geworden, die in Judäa in Christus Jesus sind, **weil ihr dasselbe erlitten habt von euren eigenen Volksgenossen**

wie sie von den Juden. Diese haben auch den Herrn Jesus und ihre eigenen Propheten getötet und haben uns verfolgt; sie gefallen Gott nicht und stehen allen Menschen feindlich gegenüber ...

1 Thessalonicher 2,14-15

... damit er euch stärke und euch tröste in eurem Glauben, **damit niemand wankend werde in diesen Bedrängnissen; denn ihr wißt selbst, dass wir dazu bestimmt sind.** Als wir nämlich bei euch waren, sagten wir euch voraus, **dass wir Bedrängnisse erleiden müssten, und so ist es auch gekommen,** wie ihr wisst. Darum hielt ich es auch nicht mehr länger aus, sondern erkundigte mich nach eurem Glauben, ob nicht etwa der Versucher euch versucht habe und unsere Arbeit umsonst gewesen sei ..... da sind wir deshalb, ihr Brüder, euretwegen **bei all unserer Bedrängnis und Not** getröstet worden durch euren Glauben.

1 Thessalonicher 3,2-7

... so dass wir selbst uns im Hinblick auf euch rühmen in den Gemeinden Gottes wegen eures standhaften Ausharrens und eurer Glaubenstreue **in allen euren Verfolgungen und Bedrängnissen, die ihr zu ertragen habt.**

2 Thessalonicher 1,4

Du aber bist mir nachgefolgt in der Lehre, in der Lebensführung, im Vorsatz, im Glauben, in der Langmut, in der Liebe, **im standhaften Ausharren, in den Verfolgungen, in den Leiden,** wie sie mir in Antiochia, in Ikonium und Lystra widerfahren sind. Solche Verfolgungen habe ich ertragen, und aus allen hat mich der Herr gerettet! **Und alle, die gottesfürchtig leben wollen in Christus Jesus, werden Verfolgung erleiden.**

2 Timotheus 3,10-12

Diese Schriftstellen zeigen uns, dass wir mit vorschnellen Äußerungen dazu vorsichtig sein sollten. Bezüglich des Segens unserer Erlösung schrieb der englische Theologe John Stott, dass es ein »schon jetzt« und ein »noch nicht« gibt.[55] Damit meinte er, dass uns ein Teil des Segens schon jetzt zur Verfügung steht und ein anderer Teil erst später, wenn wir im Himmel sind beziehungsweise wenn Jesus das Königreich Gottes auf der Erde aufrichtet. Wir sollten also die Bibel sorgfältig durchforschen und zwischen dem »schon jetzt« und dem »noch nicht« unterscheiden. Wir sollten herausfinden, welcher Segen uns schon jetzt zur Verfügung steht und was erst später sein wird.[56]

In dem Kapitel »Das Potential unserer Erlösung« bin ich bereits auf den Segen, der uns schon jetzt zur Verfügung steht, eingegangen. Obwohl es Sünde in der Welt gibt, müssen wir nicht mehr zwangsläufig sündigen. Obwohl es die verschiedensten Krankheiten um uns her gibt, brauchen wir selbst nicht krank zu sein. Aber Verfolgung dürfen wir in unserem Denken nicht

---

[55] *»Das Kreuz, Zentrum des christlichen Glaubens«*, John Stott, S.308-317

[56] Wenn ich Stotts Ausführungen über unsere Erlösung durch das Kreuz Christi auch hervorragend finde, komme ich doch an diesem Punkt, was uns schon jetzt zur Verfügung steht und was erst später, zum Teil zu anderen Schlussfolgerungen

mit einem Unglück oder Krankheit vergleichen. Die Bewahrung vor Letzterem gehört mit zum Segen unserer Erlösung, den wir im Glauben in Anspruch nehmen können. Unversehrtheit inmitten von hitziger Verfolgung wird uns jedoch nirgendwo explizit verheißen.

Dem Stephanus, der freimütig von Jesus zeugte, wurde von den führenden Juden der Prozess gemacht. In seiner langen Verteidigungsrede sagte er schließlich: »*Welchen Propheten haben eure Väter nicht verfolgt?*« (Apg 7,51).

Der Prophet Jeremia wurde verfolgt, weil seine Gerichtsankündigungen den Menschen lästig waren. Mehrmals versuchten sie ihn zu töten, jedoch ohne Erfolg. Zur selben Zeit predigte Urija dieselbe Botschaft und wurde daraufhin getötet. Hier sind zwei Propheten, die dem Herrn dienen; der eine kommt in der Verfolgung um, während der andere gerettet wird.[57] Jeremia hatte nämlich die Zusage Gottes, dass er inmitten aller Anschlägen bewahrt bleiben würde.[58]

Stephanus wurde schließlich gesteinigt. Nach ihm wurde Jakobus hingerichtet. Dem Petrus drohte dasselbe Schicksal, aber er wurde von einem Engel Gottes übernatürlich befreit.[59] Hatte Jakobus weniger Glauben als Petrus? Oder hatte die Gemeinde für Jakobus zu wenig gebetet? Stephanus jedenfalls war ein Mann voll Glaubens und er kam trotzdem um.

---

[57] Jeremia 26,7-24
[58] Jeremia 1,17-19; 15,20-21
[59] Apostelgeschichte 12,1-11

Verfolgung wurde uns angekündigt und wir haben keine allgemeingültige Verheißung Gottes, dass wir dabei unversehrt bleiben. Das bedeutet natürlich nicht, dass jeder Christ als Märtyrer sterben wird. Aber es bedeutet, dass es so lange Verfolgung geben wird, bis Jesus als Friedefürst wiederkommt.

Manche Christen werden auch heutzutage noch hautnah dieselben Leiden erleben, wie viele Gläubige in der Apostelgeschichte. Andererseits gibt es mutmachende Zeugnisse von Gläubigen, die die Hilfe Gottes in ihrer Drangsal erlebt haben und daraus gerettet wurden. Ich glaube, dass es zum großen Teil von der konkreten Situation, den bestimmten Umständen und manchmal auch vom eigenen Verhalten abhängt, wie Verfolgung für jemanden persönlich ausgeht.

Nachdem wir vorhin die extremen Formen der Verfolgung betrachtet haben, lasst uns auch an dieser Stelle das Augenmerk mehr auf unser eigenes Umfeld legen. Glücklicherweise sind die Verhältnisse in der freien westlichen Welt anders, obwohl auch hier der gesellschaftliche Druck gegen den christlichen Glauben zunimmt. Wer zum Beispiel die Welt als Gottes Schöpfung darstellt oder die biblischen Maßstäbe zu Partnerschaft verkündigt, muss mit dem scharfen Gegenwind der öffentlichen Meinung rechnen. Verleumdungen und Lästerungen bis hin zu Drohungen sind keine Seltenheit. Kaum jemand, der in seinem direkten Umfeld seinen Glauben bezeugt und ausgelebt hat, ist »ungeschoren« davongekommen. Man wird belächelt oder beschimpft. Weil das unangenehm und demütigend ist, möchte man sich am liebsten zurückhalten. Aber unser Auftrag besteht ja gerade darin, Jesus bekannt zu machen. Manche Christen beschweren sich über mangelnde Gelegenheiten, mit Menschen über Jesus zu reden. Nun, dein Leben redet lauter als deine Worte und dein Verhalten zeigt deutlicher als dein Bekenntnis, wofür du stehst. Anfeindungen sind ein gutes Zeichen dafür, dass du von anderen bemerkt wurdest und geben dir umso mehr Gelegenheit, Jesus zu bezeugen. Wer hingegen seit Jahren in derselben Firma arbeitet und niemand ahnt, dass er Christ ist, hat in seinem Glaubensleben im Alltag möglicherweise etwas falsch gemacht.

Anfeindungen geben uns die Gelegenheit, für das Reich Gottes Stellung zu beziehen. Wer um Jesu Willen auf der Erde leiden muss, darf eine große Belohnung im Himmel erwarten.

> Glückselig sind, die um der Gerechtigkeit willen verfolgt werden, denn ihrer ist das Reich der Himmel! Glückselig seid ihr, wenn sie euch schmähen und verfolgen und lügnerisch jegliches böse Wort gegen euch reden um meinetwillen! Freut euch und jubelt, denn **euer Lohn ist groß im Himmel**; denn ebenso haben sie die Propheten verfolgt, die vor euch gewesen sind.
>
> Matthäus 5,10-12

Das Leben der ersten Christen war geprägt von dieser Vorfreude auf den Himmel. Petrus und die anderen Apostel sahen es als eine Ehre und ein Vorrecht an, für Christus zu leiden.[60]

---

[60] Vergl. Apostelgeschichte 5,41; Philipper 2,17

Aber nachdem sie schon seit Jahren verfolgt wurden und vieles erlitten hatten, standen einige Gläubige in der Gefahr, diese Perspektive zu verlieren.

> Erinnert euch aber an die früheren Tage, in denen ihr, nachdem ihr erleuchtet wurdet, viel Kampf erduldet habt, der mit Leiden verbunden war, da ihr teils selbst Schmähungen und Bedrängnissen öffentlich preisgegeben wart, teils mit denen Gemeinschaft hattet, die so behandelt wurden. Denn ihr hattet Mitleid mit mir in meinen Ketten bewiesen und den Raub eurer Güter mit Freuden hingenommen, weil ihr in euch selbst gewiss seid, dass ihr ein besseres und bleibendes Gut in den Himmeln besitzt. **So werft nun eure Zuversicht nicht weg, die eine große Belohnung hat!**
>
> Hebräer 10,32-35

Der Schreiber des Hebräerbriefes ermahnt sie, dranzubleiben und ihre anfängliche Zuversicht nicht aufzugeben, indem er auf die große Belohnung hinweist, die auf sie wartet.

Wir dürfen den Himmel nicht aus dem Blick verlieren. Als Gläubige haben wir eine Hoffnung, die uns durch alles Leid hindurchträgt und uns am Ende reichlich entschädigt.

Die Leiden des Paulus

In Paulus haben wir ein bezeichnendes Bild eines ernsthaften Nachfolgers Christi und Dieners Gottes in allerlei Mühsal. Aber seine Leiden werden, wie auch die des Hiob, oftmals fehlinterpretiert. Untersuchen wir also zunächst den Text in 2 Korinther 12,7-10.

> Und damit ich mich wegen der außerordentlichen Offenbarungen nicht überhebe, wurde mir ein Pfahl fürs Fleisch gegeben, ein Engel Satans, dass er mich mit Fäusten schlage, damit ich mich nicht überhebe. Seinetwegen habe ich dreimal den Herrn gebeten, dass er von mir ablassen soll. Und er hat zu mir gesagt: Lass dir an meiner Gnade genügen, denn meine Kraft wird in der Schwachheit vollkommen! Darum will ich mich am liebsten vielmehr meiner Schwachheiten rühmen, damit die Kraft des Christus bei mir wohne. Darum habe ich Wohlgefallen an Schwachheiten, an Misshandlungen, an Nöten, an Verfolgungen, an Ängsten um des Christus willen; denn wenn ich schwach bin, dann bin ich stark.

Je nach Gewichtung und Betonung ergeben sich für diesen Abschnitt verschiedene Sichtweisen. Allgemein wird diese Stelle so verstanden, dass dem Paulus ein körperliches Gebrechen oder eine psychische Schwäche auferlegt wurde, um ihn demütig zu halten. Und trotz mehrmaligem Bitten hat Gott ihn nicht davon geheilt. Das ist jedoch eine sehr oberflächliche Betrachtungsweise. Lasst uns auch diese Aussagen vor allem aus dem Blickwinkel der Erlösung betrachten.

Der erste Teil von Vers 7 lautet: »*Und damit ich mich wegen der außerordentlichen Offenbarungen nicht überhebe ... .*«. Hatten die Schwierigkeiten im Dienst die Aufgabe, Paulus davor zu bewahren, womöglich übermütig zu werden? War Paulus also arrogant oder hatte er zumindest einen Hang zur Überheblichkeit? Wenn ja, dann hätten diese außerordentlichen Offenbarungen, die er in den Versen zuvor beschreibt, dies noch begünstigt. Sie »qualifizierten« ihn gewissermaßen für den *Pfahl im Fleisch*. Auf diesen *Pfahl* gehen wir nachher noch genauer ein. Aber sollte er tatsächlich eine Krankheit gewesen sein, dürfte sich niemand mit seinem eigenen Leiden darauf beziehen, wenn er nicht genauso »qualifiziert« dafür ist. Paulus wurde in den Himmel entrückt, hat den Herrn gesehen und von ihm das Evangelium empfangen.[61] Wir sollten mit Behauptungen zurückhaltend sein, Gott würde uns durch Krankheiten demütig halten, selbst wenn es bei Paulus auf den ersten Blick so scheinen mag.

Eine weitere Sichtweise ergibt sich aus dem griechischen Wort *hyper-airomai*, hier mit *sich überheben* wiedergegeben. Außer hier wird es nur noch in 2 Thessalonicher 2,4 bezüglich Satan verwendet, der sich über die Anbetung Gottes überhebt beziehungsweise sich darüber hinwegsetzt, indem er sich dagegen stellt. Ansonsten werden arrogante Menschen im Neuen

---

61 Vergl. 2 Korinther 12,1-4; Galater 1,11-12

Testament als aufgeblasen, hochmütig oder stolz bezeichnet.[62]

Es ist durchaus möglich, dass der Ausdruck *sich überheben* an dieser Stelle eigentlich *sich erheben* bedeutet, nicht im Sinne von Überheblichkeit, sondern im Sinne der Stellung. Paulus bekam vom Herrn eine Offenbarung darüber, wer wir als wiedergeborene Gläubige in Christus sind, was er in allen seinen Briefen darlegt. Das hat ihn zum einen selbst hochgehoben und durch seine Verkündigung dieser Wahrheiten auch den übrigen Leib Christi. Des Weiteren ordnet Mac Hammond in seinem Buch über die Leidensfrage das Adjektiv *außerordentlich*, was eigentlich *über die Maßen* heißt, anstatt den Offenbarungen dem Verb *sich erheben* zu.[63] Demzufolge würde Vers 7 lauten: »*Und damit ich mich der Offenbarungen nicht über die Maßen erhebe, wurde mir ein Pfahl fürs Fleisch gegeben, ein Engel Satans, dass er mich mit Fäusten schlage ...*«.

Satan versuchte Paulus nämlich mit allen Mitteln, das heißt mit dem *Pfahl im Fleisch*, von der Verkündigung des Evangeliums abzubringen, damit die Gemeinde nicht ihre Stellung in Christus erkennt und sich dadurch über ihn erhebt. Christen, die diese geistliche Realität ausleben, werden schnell als überheblich wahrgenommen, aber eigentlich sind sie innerlich nur aufgestanden und triumphieren über Satan.

---

[62] *aufgeblasen sein*, grch. *physióo* (1 Kor 4,6.18; 5,2; 13,4;Kol 2,18) oder *typhomai* (1 Tim 3,6; 2 Tim 3,4); *hochmütig, stolz*, grch. *hyper-ephanos* (Mark 7,22; Luk 1,51; Röm 1,30; 2 Tim 3,2; Jak 4,6; 1 Petr 5,5)

[63] »*The Suffering Question*«, Mac Hammond, S.34

Wie immer man den Vers 7 interpretiert, es ist unwahrscheinlich, dass Paulus stolz oder arrogant war. Das widerspräche der neutestamentlichen Theologie der Gnade Gottes, der dem Stolzen widersteht, aber dem Demütigen Gnade gibt.[64] Und gerade dem Paulus in seiner Situation hat der Herr ausreichende Gnade zugesagt. Ich glaube, dass Paulus mit der Aussage *»Damit ich mich nicht überhebe«* einen Entwicklungs- und Lernprozess bei sich bezeichnete. Doch lasst uns zuvor untersuchen, was es mit dem *»Pfahl fürs Fleisch«* auf sich hatte.

Über den *»Pfahl fürs Fleisch«* sind durch die Kirchengeschichte hindurch viele Thesen aufgestellt worden. Weit verbreitet ist die Annahme, dass es sich um eine Krankheit oder um ein Augenleiden bei Paulus gehandelt habe. Im Neuen Testament Roth heißt es dazu:

> Der Theologe Gustav Billroth schrieb 1833: »Über den *skolops* (den Dorn) selbst nun sind von den Auslegern die verschiedensten, zum Teil abenteuerlichsten, Meinungen aufgestellt. So hat man z.B. an Krankheiten gedacht und sogar ihren Sitz bestimmt; an Melancholie, an Gewissensbisse wegen der früheren Verfolgungen der Christen, an fleischliche Anfechtungen zur Unzucht usw. Zu allen solchen speziellen Annahmen hat man entweder gar keine oder nur Scheingründe.«[65]

Aber um welche Art von Leiden handelte es sich bei Paulus tatsächlich? Wenn wir den Kontext beachten, ist es weitaus

---

[64] Vergl. Jakobus 4,6; 1 Petrus 5,5

[65] *»Neues Testament Roth«*, Kommentar zu 2 Korinther 12,7

wahrscheinlicher, dass es genau die sind, die in Vers 10 aufzählt werden, nämlich Schwachheiten, Misshandlungen, Nöte, Verfolgungen und Ängste um Christi willen. Der folgende kleine Exkurs durch die Apostelgeschichte veranschaulicht die Anfeindungen, denen er permanent ausgesetzt war:

... und sie erregten eine Verfolgung gegen Paulus und Barnabas und vertrieben sie aus ihrem Gebiet. (Apg 13,50)

Als sich aber ein Ansturm der Heiden und Juden samt ihren Obersten erhob, um sie zu misshandeln und zu steinigen, da bemerkten sie es und entflohen ... (Apg 14,5-6)

... die überredeten die Volksmenge und steinigten Paulus und schleiften ihn vor die Stadt hinaus in der Meinung, er sei gestorben. (Apg 14,19)

... und die Hauptleute rissen ihnen die Kleider ab und befahlen, sie mit Ruten zu schlagen. Und nachdem sie ihnen viele Schläge gegeben hatten, warfen sie sie ins Gefängnis ... (Apg 16,22-23)

... und gewannen etliche boshafte Leute vom Straßenpöbel, erregten einen Auflauf und brachten die Stadt in Aufruhr ..... und suchten sie, um sie vor die Volksmenge zu führen. (Apg 17,5)

Als aber Gallion Statthalter von Achaja war, traten die Juden einmütig gegen Paulus auf und führten ihn vor den Richterstuhl. (Apg 18,12)

Aber um jene Zeit entstand ein nicht unbedeutender Aufruhr um des Weges willen. (Apg 19,23)

> ... und da ihm die Juden nachstellten, als er nach Syrien abfahren wollte, entschloss er sich, über Mazedonien zurückzukehren. (Apg 20,3)

In Kapitel 11 des zweiten Korintherbriefes, das mit zum Kontext des obigen Abschnitts gehört, fasste Paulus alle seine bisherige Mühsal während seiner Missionsreisen zusammen:

> Ich habe weit mehr Mühsal, über die Maßen viele Schläge ausgestanden, war weit mehr in Gefängnissen, öfters in Todesgefahren. Von den Juden habe ich fünfmal 40 Schläge weniger einen empfangen; dreimal bin ich mit Ruten geschlagen, einmal gesteinigt worden ..... in Gefahren vom eigenen Volk, in Gefahren von Heiden ..... in Gefahren unter falschen Brüdern ..... Wer ist schwach, und ich bin nicht auch schwach? ..... Wenn ich mich rühmen soll, so will ich mich meiner Schwachheit rühmen.
>
> 2 Korinther 11,23-30

Paulus benennt den »Pfahl« als einen Engel Satans, der ihn mit Fäusten schlägt. Tony Cooke schreibt dazu:

> »Deshalb scheint die Annahme vernünftig zu sein, dass der Pfahl im Fleisch ein böser Geist war, der bei jeder Gelegenheit Hass, Misshandlung, Qualen und Entmutigung gegen Paulus initiierte. Ich glaube, dieser Geist versuchte ihn durch Menschen und Umstände zu demoralisieren, damit er endlich aufhören würde, das Evangelium zu predigen ... .«[66]

---

[66] »Grace, the DNA of God«, Tony Cooke, S.140

Zu erkennen, dass der »*Pfahl fürs Fleisch*« bei Paulus kein körperliches Leiden im Sinne einer Krankheit war, sondern der massive Verfolgungsdruck, ist für ein gesundes Verständnis von der Erlösung wichtig. Etliche Christen ergeben sich in ihr Schicksal, indem sie sich gerade auf das Leiden des Paulus berufen. »Wenn selbst er, der große Apostel, unter einer Krankheit leiden musste, wie kann ich erwarten, dass Gott gerade mich heilen sollte?« Diese Haltung wird noch durch die Annahme verschärft, dass die Gebete des Paulus um Gottes Hilfe nur in der Weise erhört wurden, dass Gott ihn nicht heilte, sondern ihm lediglich Kraft gab, seine Krankheit zu tragen.

Sehen wir das Leiden des Paulus jedoch als Attacken des Teufels an, seine Missionstätigkeit zu behindern, macht die Antwort Gottes auf Paulus' Gebet mehr Sinn. »*Lass dir an meiner Gnade genügen, denn meine Kraft wird in der Schwachheit vollkommen!*« Bezüglich Krankheit hat Gott in der Erlösung Vorsorge getroffen.[67] Aber nirgendwo wird uns verheißen, dass wir vor Verfolgung bewahrt werden, sondern im Gegenteil wird uns angekündigt, dass wir sie erdulden müssen.

Nun komme ich wieder auf den Lernprozess bei Paulus zurück. Permanent war er massiver Verfolgung, tätlichen Angriffen und anderen Schwierigkeiten ausgesetzt. Obwohl er von Natur aus hart im Nehmen war, zehrte das mit der Zeit an seinen Kräften, weshalb er zum Herrn flehte. Wir wissen nicht, wann Paulus während seiner inzwischen fast zehnjährigen Missionstätigkeit zum Herrn betete, auch nicht, ob beziehungsweise wie

---

[67] Vergl. Jakobus 5,14-15; 1 Petrus 2,24

viel Zeit zwischen seinen drei Bitten vergangen war. Es scheint aber so, dass er sich mit seinem Auftrag in den überaus widrigen Umständen überfordert fühlte. Wenn wir das Verb *sich überheben* als *sich etwas einbilden* verstehen, dann war die »Lektion« für ihn, sich nichts auf seine eigene Klugheit und sein eigenes Vermögen einzubilden. Bezüglich seiner Gerechtigkeit aus Glauben hatte er es klargestellt: »... *obwohl auch ich mein Vertrauen auf Fleisch setzen könnte ..... ich achte es für Dreck, damit ich Christus gewinne ...*« (Phil 3,4.8). Das heißt, er hat sich auf seinen religiösen Hintergrund nichts eingebildet.

Genauso war er jetzt dabei zu lernen, nicht auf seine eigenen Möglichkeiten zu schauen, sondern sich ganz auf Gottes Kraft und Hilfe zu verlassen. Seine Aussage, dass ihm ein Pfahl, das heißt Verfolgung *gegeben* wurde, bedeutet ganz einfach, dass er sie erlebt hat. Auf keinen Fall wurde sie von Gott initiiert. Die Schwierigkeiten während seiner Missionstätigkeit sah er nicht als etwas an, was Gott ihm auferlegt hätte, sondern als Gelegenheiten, mehr Gottvertrauen zu lernen. Im selben Brief schreibt er nämlich:

> Denn wir wollen euch, Brüder, nicht in Unkenntnis lassen über unsere Bedrängnis, die uns in der Provinz Asia widerfahren ist, dass wir übermäßig schwer zu tragen hatten, über unser Vermögen hinaus, so dass wir selbst am Leben verzweifelten; ja, wir hatten in uns selbst schon das Todesurteil, damit wir nicht auf uns selbst vertrauten, sondern auf Gott, der die Toten auferweckt. Er hat uns denn auch aus solch großer Todesgefahr gerettet und rettet uns noch; und

wir hoffen auf ihn, dass er uns auch ferner retten wird.

2 Korinther 1,8-10

Wir haben aber diesen Schatz in irdenen Gefäßen, damit die überragende Kraft von Gott sei und nicht von uns. Wir werden überall bedrängt, aber nicht erdrückt; wir kommen in Verlegenheit, aber nicht in Verzweiflung; wir werden verfolgt, aber nicht verlassen; wir werden niedergeworfen, aber wir kommen nicht um.

2 Korinther 4,7-9

Gottes Gnade war seine unterstützende Kraft, die er Paulus zur Verfügung stellte. Paulus seinerseits hatte gelernt, in jeder Lage Gott zu vertrauen, und so wurde er in seinem Unvermögen gestärkt, so dass er zwar bedrängt wurde, aber nicht erdrückt werden konnte. In diesem Sinne sollten wir die letzten Verse im oben genannten Abschnitt verstehen.

Und er hat zu mir gesagt: Lass dir an meiner Gnade genügen, denn meine Kraft wird in der Schwachheit vollkommen! Darum will ich mich am liebsten vielmehr meiner Schwachheiten rühmen, damit die Kraft des Christus bei mir wohne. Darum habe ich Wohlgefallen an Schwachheiten, an Misshandlungen, an Nöten, an Verfolgungen, an Ängsten um des Christus willen; denn wenn ich schwach bin, dann bin ich stark.

2 Korinther 12,9-10

Leidensdruck ertragen

Unentwegt sind - beziehungsweise werden wir - einem gewissen Druck in dieser Welt ausgesetzt, den wir aushalten müssen und auch können. Das griechische Wort dafür lautet *tlipsis* und wird meistens mit Trübsal, Bedrängnis oder Anfechtung wiedergegeben.

Das wir in unserem Leben in Drucksituationen kommen werden, kündigen uns die Schreiber des Neuen Testamentes unentwegt an.

> Dies habe ich zu euch geredet, damit ihr in mir Frieden habt. In der Welt habt ihr Bedrängnis; aber seid getrost, ich habe die Welt überwunden!
>
> Johannes 16,33

> Wer will uns scheiden von der Liebe des Christus? Drangsal oder Angst oder Verfolgung oder Hunger oder Blöße oder Gefahr oder Schwert? Wie geschrieben steht: »Um deinetwillen werden wir getötet den ganzen Tag; wie Schlachtschafe sind wir geachtet!« Aber in dem allem überwinden wir weit durch den, der uns geliebt hat.
>
> Römer 8,35-37

> Wir werden überall bedrängt, aber nicht erdrückt; wir kommen in Verlegenheit, aber nicht in Verzweiflung; wir werden verfolgt, aber nicht verlassen; wir werden niedergeworfen, aber wir kommen nicht um.
>
> 2 Korinther 4,8-9

> ... damit niemand wankend werde in diesen Bedrängnissen; denn ihr wisst selbst, dass wir dazu bestimmt sind. Als wir nämlich bei euch waren, sagten wir euch voraus, dass wir Bedrängnisse erleiden müssten, und so ist es auch gekommen, wie ihr wisst.
>
> 1 Thessalonicher 3,3-4

Als Christen leben wir zwar in der Welt, sind ihr aber nicht hilflos ausgeliefert. Jesus hat die Welt überwunden und durch unseren Glauben an ihn überwinden wir gleichermaßen die Bedrängnisse und behaupten uns in der Welt.[68] Wir kommen zwar in Druck, müssen aber nicht erdrückt werden, sondern können Schwierigkeiten durch Jesus überwinden.

Trotz allem müssen die Gläubigen Bedrängnisse erleiden. Das liegt zum großen Teil darin begründet, weil die Welt Gott und seiner Familie gegenüber feindlich gesinnt ist[69]. Das äußert sich in Lästerungen bis hin zu Anfeindungen. Manchmal müssen wir nur deshalb Benachteiligungen und Ungerechtigkeiten hinnehmen, weil wir nicht sündigen, sondern nach biblischen

---

[68] Vergl. 1 Johannes 5,4-5

[69] Vergl. 1 Johannes 2,15-17 u. Jakobus 4,4

Maßstäben leben.

Einer Hausfrau passierte ein Missgeschick beim Essen zubereiten. Eine Pfanne rutschte ihr aus der Hand und knallte auf den Herd. Die empfindliche Ceranplatte hatte jetzt einen Sprung. Was tun? Ihr Mann rief bei der Hausratsversicherung an, um den Schaden zu melden und ersetzt zu bekommen. Die freundliche und entgegenkommende Stimme der Kundenberatung sagte: »Kein Problem. Geben sie einfach an, dass ihr Besucher den Schaden verursacht hat.«

»Es war aber kein Besucher, es ist uns selbst passiert«, erwiderte er.

»Aber verstehen sie doch. Einen Schaden, den sie selbst verursacht haben, dürfen wir ihnen nicht ersetzen. Deshalb sagen sie einfach, es sei ihr Besucher gewesen«, drängte der Kundenberater.

Diese gläubige Familie blieb bei der Wahrheit und bekam deshalb den Schaden von der Versicherung nicht ersetzt.

Petrus schrieb dazu:

> Keiner von euch soll daher als Mörder oder Dieb oder Übeltäter leiden, oder weil er sich in fremde Dinge mischt; wenn er aber als Christ leidet, so soll er sich nicht schämen, sondern er soll Gott verherrlichen in dieser Sache!
>
> Daher sollen auch die, welche nach dem Willen Gottes leiden, ihre Seelen ihm als dem treuen Schöpfer anvertrauen und dabei das Gute tun.
>
> 1 Petrus 4,15-16.19

»Nach dem Willen Gottes leiden« heißt nicht, dass das Leiden an und für sich Gottes Wille ist, sondern hier ist von denen die Rede, die in Übereinstimmung mit dem Willen Gottes leben und deshalb leiden.[70] Die moderne Message Übersetzung gibt 1 Petrus 4,19 wie folgt weiter:

> Wenn ihr in Schwierigkeiten kommt, weil ihr tut, was Gott gesagt hat, nehmt es nicht so schwer. Vertraut ihm. Er weiß, was er tut, und so wird es bleiben.[71]

Vielleicht sind wir auch Anfeindungen und Repressalien ausgesetzt, weil sich andere durch unser Verhalten hinterfragt oder sogar angegriffen fühlen.

> Denn das ist Gnade, wenn jemand aus Gewissenhaftigkeit gegenüber Gott Kränkungen erträgt, indem er zu Unrecht leidet. Denn was ist das für ein Ruhm, wenn ihr geduldig Schläge ertragt, weil ihr gesündigt habt? Wenn ihr aber für Gutestun leidet und es geduldig ertragt, das ist Gnade bei Gott. Denn dazu seid ihr berufen, weil auch Christus für uns gelitten und uns ein Vorbild hinterlassen hat, damit ihr seinen Fußstapfen nachfolgt.
>
> 1 Petrus 2,19-21

---

[70] nach *»Neues Testament Roth«*, Kommentar zu 1 Petr 4,19

[71] *»The Message«*, Eugene H. Peterson, Originaltext: So if you find life difficult because you´re doing what God said, take it in stride. Trust him. He knows what he´s doing, and he´ll keep on doing it.

Wir leben zwar in der Welt, aber wir gehören nicht zu ihr. Die Begriffe »Welt« und »Reich Gottes« stehen für zwei unterschiedliche Wertesysteme. Sie sind miteinander nicht im Geringsten kompatibel, sondern sind im Gegenteil einander feind. Wer zu Gott gehört, zieht sich die Feindschaft der Welt zu, und wer mit der Welt liebäugelt, hat Gott zum Gegner. Wir leben entweder nach dem einen oder nach dem anderen System. Jeder ernsthafte Christ wird durch seine Ansichten und sein Verhalten bei den Ungläubigen mehr oder weniger anecken.

> Da nun Christus für uns im Fleisch gelitten hat, so wappnet auch ihr euch mit derselben Gesinnung; denn wer im Fleisch gelitten hat, der hat mit der Sünde abgeschlossen, um die noch verbleibende Zeit im Fleisch nicht mehr den Lüsten der Menschen zu leben, sondern dem Willen Gottes. Denn es ist für uns genug, dass wir die vergangene Zeit des Lebens nach dem Willen der Heiden zugebracht haben, indem wir uns gehen ließen in Ausschweifungen, Begierden, Trunksucht, Belustigungen, Trinkgelagen und frevelhaftem Götzendienst. **Das befremdet sie, dass ihr nicht mitlauft in denselben heillosen Schlamm, und darum lästern sie;** sie werden aber dem Rechenschaft geben müssen, der bereit ist, die Lebendigen und die Toten zu richten.
>
> 1 Petrus 4,1-5

Lästerungen, Beleidigungen und Verleumdungen sind unangenehm und gefallen uns nicht. Deshalb möchte man sich am liebsten davor drücken, indem man gar nicht erst auffällt. Doch diese Art von Leiden sind der Preis, den ernsthafte Christen bezahlen müssen, wenn sie Gott wohlgefällig leben und dafür früher oder später belohnt werden wollen.

Dazu muss man sagen, dass auch die Sünde ihren Preis hat. Hierbei kommt die »Belohnung« allerdings zuerst. Freude und Spaß sind ja gerade die Verlockung dazu. Doch irgendwann kommt die »Abrechnung«, das heißt, der Sünder muss dafür bezahlen, manchmal schon in diesem Leben, aber garantiert danach. Der Preis für die Sünde ist unberechenbar. Sie kostet dich mehr, als du bezahlen wolltest, sie hält dich länger, als du bleiben wolltest, und sie treibt dich weiter, als du gehen wolltest.

Wer hingegen gerecht und gottesfürchtig lebt, bezahlt oft gleich zu Beginn einen hohen Preis dafür. Doch das wird reichlich belohnt, vielfach schon in diesem Leben, aber garantiert in der Ewigkeit.

Ein weiterer Grund für Leid beziehungsweise Trübsal liegt an unserer Bestimmung. Jeder Christ hat eine Mission zu erfüllen. Niemand lebt nur für sich allein, wie Paulus es ausdrückte: *»Denn leben wir, so leben wir dem Herrn, und sterben wir, so sterben wir dem Herrn; ob wir nun leben oder sterben, wir gehören dem Herrn.«* (Röm 14,8).

Wir leben auf dieser Erde für einen höheren Zweck, nämlich um das Reich Gottes zu repräsentieren und auszubreiten. Über sich selbst hinauszuschauen, die eigenen Wünsche und Bestrebungen zurückzustellen und Mühsal auf sich zu nehmen, sind die Leiden um Christi willen.

> Du nun erdulde die Widrigkeiten als ein guter Streiter Jesu Christi! Wer Kriegsdienst tut, verstrickt sich nicht in Geschäfte des Lebensunterhalts, damit er dem gefällt, der ihn in Dienst gestellt hat. Und wenn sich auch jemand an Wettkämpfen beteiligt, so empfängt er doch nicht den Siegeskranz, wenn er nicht nach den Regeln kämpft. Der Ackersmann, der sich mit der Arbeit müht, hat den ersten Anspruch auf die Früchte.
>
> 2 Timotheus 2,3-6

Unsere Rolle als Arbeiter im Reich Gottes wird verglichen mit einem Soldaten, einem Sportler und einem Landmann. Der Soldat muss durch eine harte Ausbildung gehen, um zu einem Elitekämpfer zu werden. Er muss Widrigkeiten ertragen und in Kämpfen seinen Mann stehen.

Als ich bei der Armee war, fing ein völlig neues und vor allem unangenehmes Leben für mich an. Ich bekam einen neuen Haarschnitt verpasst und musste mich einschließlich der Unterwäsche neu einkleiden. Meine Freizeit wurde stark eingeschränkt und ich musste meine Ess- und Fortbewegungsgewohnheiten dem vorgeschriebenen Plan anpassen. Der gesamte Tagesablauf wurde bis ins Kleinste reguliert. Ich lernte es, manchmal auf die harte Tour, jedem Befehl zu gehorchen, so unsinnig ich ihn manchmal empfand. Zum Glück gab es zu meiner Zeit keinen Krieg, aber Tag und Nacht waren wir in Alarmbereitschaft.

Ein Soldat hat zum großen Teil seine Selbstbestimmung

aufgegeben, um sich für den höheren Zweck einzusetzen.

Der Sportler muss hart trainieren, um zur Spitze zu gehören. Dasselbe gilt auch für den Musiker, Künstler oder wer immer eine Medaille gewinnen beziehungsweise erfolgreich sein möchte.

> Wisst ihr nicht, dass die, welche in der Rennbahn laufen, zwar alle laufen, aber nur einer den Preis erlangt? Lauft so, dass ihr ihn erlangt! **Jeder aber, der sich am Wettkampf beteiligt, ist enthaltsam in allem** – jene, um einen vergänglichen Siegeskranz zu empfangen, wir aber einen unvergänglichen. So laufe ich nun nicht wie aufs Ungewisse; ich führe meinen Faustkampf nicht mit bloßen Luftstreichen, sondern ich bezwinge meinen Leib und beherrsche ihn, damit ich nicht anderen verkündige und selbst verwerflich werde.
>
> 1 Korinther 9,24-27

Hart gegen sich selbst zu sein ist unangenehm. Deshalb haben wir auch so viele verweichlichte Christen unter uns, die bei dem kleinsten Stress zusammenbrechen.

Jackie Pullinger hat mehr als 20 Jahre in den Slums Honkongs verbracht. Sie hat ihr Leben ganz der Arbeit unter den Prostituierten, Drogenabhängigen und Bandenmitgliedern gewidmet. Sie sagte einmal: »Gott will uns weiche Herzen und harte Füße geben. Aber das Problem ist für viele von uns, dass wir harte Herzen und weiche Füße haben.« Christen sollten harte Füße haben. Wir sollten hartnäckig für den Willen Gottes eintreten, statt »Waschlappen« zu sein. Jackie war bereit, auf Schlaf, Essen und Annehmlichkeiten zu verzichten, um anderen zu dienen. Und doch hat sie zugleich auch ein weiches Herz, ein Herz voller Anteilnahme. Die Härte betrifft ihre Füße, nicht ihr Herz.[72]

Zum disziplinierten Training gehört Enthaltsamkeit. Wer in seinem Leben etwas erreichen will, muss Prioritäten setzen. Es gibt Dinge, die wirklich wichtig sind, wogegen anderes nur zweitrangig ist.

Für die Erziehung unserer Jungs prägte meine Frau Ilka den Slogan: Die wichtigen Dinge im Leben machen selten Spaß. Die spaßigen Dinge sind selten wichtig. Hausarbeiten oder das »langweilige« Bibellesen sind wenig unterhaltsam, aber notwendig. Beim Fernsehen oder Comic lesen vergeht die Zeit hingegen wie im Fluge und man vergisst schnell seine Pflichten.

Um im Reich Gottes wirklich effektiv zu sein, müssen wir von Zeit zu Zeit auf Dinge verzichten können, die uns Spaß machen. Dinge, die dazu da sind, uns das Leben zu verschönern, dürfen nicht zum Sinn und Zweck des Lebens werden.

Es gibt zwei Arten des Verzichtens. Wer gerade so über die Runden kommt, muss gezwungenermaßen auf viele angenehme Dinge verzichten, weil er sie sich gar nicht leisten kann. Darin liegt keine Tugend und Gott wird durch diesen unfreiwilligen Verzicht nicht automatisch geehrt. Wer hingegen gut ver-

---

[72] »Fragen an das Leben«, Nicky Gumbel, S.163

sorgt ist, kann sich vieles leisten. Um mehr Zeit und Geld für Gott und seine Gemeinde zu haben, verzichtet derjenige jetzt freiwillig zum Beispiel auf das eine oder andere teure Hobby. Dadurch kann Gott verherrlicht werden.

Der Landmann in der oben genannten Auflistung von 2 Timotheus 2,3-6 zeigt uns, dass der Dienst im Reich Gottes weniger mit Positionen, als vielmehr mit Arbeit zu tun hat. Gott will, dass jeder einzelne Gläubige beim Bau seines Reiches mit Hand anlegt.

> Strebe eifrig danach, dich Gott als bewährt zu erweisen, als einen Arbeiter, der sich nicht zu schämen braucht ...
>
> 2 Timotheus 2,15

Einmal kam jemand in meine Gemeinde und fragte nach dem Gremium, in dem er mitreden könnte. Ich klärte ihn darüber auf, dass wir weniger Mit-Redner und stattdessen mehr Mit-Arbeiter brauchen. Und wer mitarbeitet, darf natürlich in diesem Bereich dann auch mitreden. Jeder in unserem Leitungsteam ist zuerst ein Arbeiter, teils in ganz praktischer Weise.

Jüngerschaft

Es gibt viele Vorstellungen von Jüngerschaft. Zur Zeit Jesu bedeutete Jüngerschaft nicht den bloßen Schulbesuch für einige Stunden täglich bei einem Schriftgelehrten. Die Schüler lebten quasi mit dem »Meister« zusammen, um schließlich seine Weisheiten zu verinnerlichen und seine Art der Lebensführung vollständig zu übernehmen. Das Leben wurde völlig umgestellt. Altgewohnte Abläufe waren nicht länger wichtig, um wirklich offen für das Neue zu sein. So sehen wir das bei den Jüngern Jesu. Sie ließen alles hinter sich zurück, um ganz für Jesus da zu sein und ihm nachzufolgen.

Der Auftrag, alle Menschen zu Jüngern zu machen, beinhaltet mehr, als sie nur zu bekehren. Jüngerschaft bedeutet Hingabe, Disziplin, Heiligung. Echte Jünger sind »Ja-Sager«. Sie drücken sich nicht vor herausfordernden Aufgaben, sondern sagen »Ja« zur Herrschaft Jesu, zur Gemeinde, zu Verantwortung. Sie bleiben dabei, auch wenn es unangenehm wird.

Paulus verglich engagierte Christen mit sich in der Ausbildung und dem Tagesablauf befindenden Soldaten, Profisportlern und erfolgreichen Unternehmern. Das verstand Jesus unter Jüngerschaft. Bei wirklicher Jüngerschaft geht es im Kern darum, so zu werden wie der Meister. Als Nachfolger Jesu leben wir immer weniger nach eigenem und immer mehr nach Gottes Willen.

> Er sprach aber zu allen: Wenn jemand mir nachkommen will, so verleugne er sich selbst und nehme sein Kreuz auf sich täglich und folge mir nach.
>
> Lukas 9,23

Jesus sagte, um ihm nachzufolgen ist es notwendig, sein Kreuz auf sich zu nehmen. Was immer es mit diesem Kreuz auf sich hat - es klingt nicht gerade verlockend, nicht wahr? Aber um wirkliche Jünger Jesu und damit echte Christen auf dem Weg zu sein, sollten wir herausfinden, was wir denn nun auf uns nehmen sollen. Auf keinen Fall bedeutet es, dass wir genauso wie Jesus wortwörtlich gekreuzigt werden, denn das ginge nicht jeden Tag aufs Neue.

Wie hat Jesus sein Kreuz auf sich genommen? Er tat es, indem er sich zuvor dem Willen Gottes hingab.

> Da spricht er zu ihnen: Meine Seele ist tief betrübt bis zum Tod. Bleibt hier und wacht mit mir! Und er ging ein wenig weiter, warf sich auf sein Angesicht, betete und sprach: Mein Vater! Ist es möglich, so gehe dieser Kelch an mir vorüber; **doch nicht wie ich will, sondern wie du willst!**
>
> Wiederum ging er zum zweitenmal hin, betete und sprach: Mein Vater, wenn dieser Kelch nicht an mir vorübergehen kann, ohne dass ich ihn trinke, **so geschehe dein Wille!**
>
> Matthäus 26,38-39.42

In seiner schwersten Entscheidung, bei der es darum ging, Höllenqualen für die Sünden der Menschen zu erdulden, stellte sich Jesus am Ende auf die Seite Gottes: *»Doch nicht wie ich will, sondern wie du willst!«* In Lukas 22,42 heißt es: *»Doch nicht mein, sondern dein Wille geschehe!«*

Ich glaube, das ist die Selbstverleugnung und das »Kreuz«, von dem Jesus sprach - eigene Vorstellungen über unsere Lebensführung über Bord zu werfen und stattdessen täglich so leben, wie Gott es will. Dieser Kampf, den wir in unserem Glaubensleben zu kämpfen haben, hat mit Heiligung, Hingabe und Dienst zu tun.

Zuerst geht es darum, dass wir nicht länger den Verlockungen zur Sünde erliegen, sondern Gott wohlgefällig leben.

> Da nun Christus für uns im Fleisch gelitten hat, so wappnet auch ihr euch mit derselben Gesinnung; denn wer im Fleisch gelitten hat, der hat mit der Sünde abgeschlossen, um die noch verbleibende Zeit im Fleisch nicht mehr den Lüsten der Menschen zu leben, sondern dem Willen Gottes.
>
> 1 Petrus 4,1-2

Im Fleisch zu leiden heißt nicht, sich körperliche Schmerzen selbst zuzufügen, um eiserne Disziplin zu lernen. Solche Vorstellungen kommen von den »Bußübungen« der mittelalterlichen Kirche. Das »Fleisch« leidet, wenn es nicht seinen Willen bekommt.

Desweiteren geht es um Hingabe an Gott beziehungsweise an Jesus, die sich darin zeigt, wie jemand zur Gemeinde steht. Es kostet einiges an Freizeit und Überwindung, an den Versammlungen teilzunehmen, den Zehnten zu geben und mitzuhelfen. Auch hier fühlt sich das »Fleisch« schnell zurückgesetzt, besonders wenn es die Anerkennung nicht in dem gewünschten Maß bekommt.

Schlussendlich geht es um den Dienst im Reich Gottes. Wir sollen zu einer Reife gelangen, wo wir immer weniger danach fragen, ob uns eine bestimmte Aufgabe angenehm genug ist, und statt dessen immer mehr Verantwortung übernehmen.

In Gottes Schule

Hier kommen wir zu einem weiteren Aspekt des Leids. Es ist eine Art von Leiden, woraus Gott uns nicht erlöst hat, sondern uns im Gegenteil mitten hineinführt. Es geht um den Prozess der Veränderung. Da gibt es den bekannten Slogan: »Gott liebt uns so, wie wir sind. Aber er liebt uns zu sehr, um uns so zu lassen.« Das ist wohl wahr, denn er will, dass wir in sein Bild verändert werden. Das ist nicht immer angenehm und ein zum Teil schmerzhafter Prozess.

Manche Christen ruhen sich auf der Gnade Gottes förmlich aus. Sie leben nach Lust und Laune, indem sie meinen, Gott will ja, dass es uns auf jeden Fall gut geht. Das ist nicht verkehrt, trotzdem ist nicht alles, was sich gut anfühlt, auch richtig. Umgekehrt ist auch nicht alles falsch, was sich schlecht anfühlt.

Als liebevoller Vater will Gott, dass es uns als seinen Kindern gut geht. Wohlergehen dürfen wir aber nicht mit Bequemlichkeit oder Wohlfühlerei verwechseln.

Gott hat eine großartige Vision für seine Welt, wozu ein individueller Plan und eine einzigartige Berufung für jeden einzelnen Gläubigen gehört. Deshalb will er, dass wir geistlich heranwachsen und an Glauben und Reife zunehmen, denn nur so können wir die vielfältigen Aufgaben bewältigen, die er für uns vorgesehen hat.

Es ist wie das natürliche Heranwachsen eines Kindes. Ein Baby hat noch keinerlei Verpflichtungen, aber das Recht auf Zuwendung und Zärtlichkeit, auf Pflege und Versorgung. Aber je älter ein Mensch wird, um so mehr kann man von ihm erwarten. Aus Kindern sollen Erwachsene werden, die selbst fruchtbar beziehungsweise produktiv sind. Manche Christen wollen am liebsten Kind bleiben, um sich um nichts kümmern zu müssen und selbst umsorgt zu werden. In dieser Weise behandelt zu werden, fühlt sich besser an, als selbst zu handeln. Verantwortung zu übernehmen und seine Pflichten zu erfüllen, fühlt sich aber nicht immer nur gut an. Deshalb weigern sich manche jungen Leute, erwachsen zu werden. Das »Hotel Mama« und die Spaßgesellschaft werden großgeschrieben.

Ja, weil Gott gut ist, will er, dass es uns gut geht. Aber vor allem möchte er, dass wir erwachsen werden, Frucht bringen und gute Werke tun.

> Denn die Gnade Gottes ist erschienen, die heilbringend ist für alle Menschen; **sie nimmt uns in Zucht**, damit wir die Gottlosigkeit und die weltlichen Begierden verleugnen und besonnen und gerecht und gottesfürchtig leben in der jetzigen Weltzeit, indem wir die glückselige Hoffnung erwarten und die Erscheinung der Herrlichkeit des großen Gottes und unseres Retters Jesus Christus, der sich selbst für uns hingegeben hat, um uns von aller Gesetzlosigkeit zu erlösen und für **sich selbst ein Volk zum besonderen Eigentum zu reinigen, das eifrig ist, gute Werke zu tun.**
>
> Titus 2,11-14

Eine Seite der Liebe und Fürsorge unseres himmlischen Vaters ist seine Erziehung.[73]

> ...und habt das Trostwort vergessen, das zu euch als zu Söhnen spricht: "Mein Sohn, achte nicht gering die Züchtigung des Herrn und verzage nicht, wenn du von ihm zurechtgewiesen wirst! **Denn wen der Herr lieb hat, den züchtigt er**, und er schlägt jeden Sohn, den er annimmt." Wenn ihr Züchtigung erduldet, so behandelt euch Gott ja als Söhne; denn wo ist ein Sohn, den der Vater nicht züchtigt?
>
> Hebräer 12,5-7

Um diesen Aspekt unseres Glaubenswandels richtig verstehen und einordnen zu können, müssen wir uns an das anfangs geschilderte Gottesbild erinnern. Viele Menschen sehen in Gott einen Polizisten, der darüber wacht, dass seine Gesetze und Regeln auch eingehalten werden. Wehe, wenn jemand einen Fehler macht. Dann folgt die Strafe auf dem Fuße. Jesus hingegen stellte Gott den Juden seiner Zeit als ihren Vater vor. Lies einmal die Bergpredigt und unterstreiche dabei das Wort "Vater". Du wirst überrascht sein, wie oft der Ausdruck »Euer Vater« oder »Dein Vater« in Bezug auf Gott darin vorkommt. Gott ist der Schöpfer aller Menschen, doch Vater ist er nur für diejenigen, die zu seiner Familie gehören. Ich glaube, um ein gutes Gottesbild zu bekommen, sollten wir in Begriffen

---

[73] Siehe auch Offenbarung 3,19

von Familie denken.[74]

Gott ist unser Vater im Himmel, der uns total liebt. Und wie in jeder normalen Familie äußert sich diese Liebe nicht nur in Fürsorge, Annahme und Zärtlichkeit, sondern auch durch eine konsequente Erziehung mit einer gewissen Härte. Fehlverhalten muss konfrontiert und korrigiert werden. Diese zwei Seiten sehen wir auch im Dienst des Paulus als geistlicher Vater gegenüber den von ihm gegründeten Gemeinden:

> Was wollt ihr? Soll ich mit der Rute zu euch kommen, oder in Liebe und im Geist der Sanftmut?
>
> 1 Korinther 4,21

> ... sondern wir waren liebevoll in eurer Mitte, **wie eine stillende Mutter ihre Kinder pflegt.**
>
> ... ihr wißt ja, wie wir jeden einzelnen von euch ermahnt und ermutigt haben **wie ein Vater seine Kinder, und euch ernstlich bezeugt (oder eingeschärft)**[75] **haben**, dass ihr so wandeln sollt, wie es Gottes würdig ist, der euch zu seinem Reich und seiner Herrlichkeit beruft.
>
> 1 Thessalonicher 2,7.11-12

Zur Liebe Gottes gehört also auch Seine Erziehung, wie es uns die Bibel darlegt:

---

[74] Vergl. Epheser 3,14-15

[75] Der Inhalt zwischen den Klammern wurde vom Autor eingefügt.

> Denn wen der Herr lieb hat, den züchtigt er, und er schlägt jeden Sohn, den er annimmt.
>
> Hebräer 12,6

Züchtigen, griechisch *paideuo*, bedeutet ganz einfach Kinder aufziehen oder erziehen.

Zur Zeit des Neuen Testamentes hatte der römische Adel oft viele uneheliche Kinder, die zwar materiell versorgt wurden, aber ohne jegliche Erziehung blieben. Sie waren »unecht«.[76] Nur die ehelichen Kinder waren die rechtmäßigen Erben und wurden dementsprechend erzogen. Blieb die legale Ehe kinderlos, wurden oftmals junge Männer mit guten Eigenschaften adoptiert, um einen bestmöglichen Erben zu haben. (Hier gilt es zu beachten, dass Gott uns aus Seiner Gnade und Liebe mit unseren schlechten Eigenschaften angenommen hat, uns im Nachhinein aber zu Seinem Charakter hin erzieht.) Oder es wurde ein »unechter« Sohn an Kindesstatt angenommen und daraufhin der entsprechenden Erziehung unterzogen. Während der gesamten Dauer der Erziehung hatten die Kinder keinerlei Rechte. Ihre Stellung in der Gesellschaft glich eher der von Sklaven als der von Familienangehörigen. Erst wenn das Kind volljährig und die Erziehung abgeschlossen war, wurden ihm die Rechte und Pflichten eines Erben zuteil.[77]

Ein *paidagos* wurde als »Zuchtmeister« über die Kinder

---

[76] Vergl. Hebräer 12,8
[77] Vergl. Galater 4,1-5

gesetzt. Er war autorisiert, die Kinder in allem zu unterweisen, vor schlechtem Einfluss von außen zu bewahren und ihr Fehlverhalten zu bestrafen. Jemanden »züchtigen« heißt daher, ihn lehren und unterweisen genauso wie korrigieren bis hin zu disziplinieren.

In dieser Weise erzieht uns Gott. Doch warum tut er das? In Hebräer 12,6 haben wir gelesen: »*Denn wen der Herr lieb hat, den züchtigt er.*« Gott erzieht uns also, weil Er uns liebt. Ja, das ist richtig: Gott liebt uns so, wie wir sind. Dennoch möchte er, dass wir reifer werden, einen guten Charakter entwickeln, um schließlich ein produktives Leben für Sein Reich zu führen.[78] Wie alle liebenden Eltern möchte auch Gott uns vor Schaden bewahren, zum Beispiel vor den bitteren Konsequenzen der Sünde oder vor den Nöten aufgrund von törichtem Verhalten. Vor allem aber möchte Gott, dass wir das ewige Heil erlangen. Ja, wir sind jetzt schon errettet. Trotzdem sind wir noch nicht im Himmel, in der Ewigkeit, angekommen. Die Hebräer waren unter einem solchen Verfolgungsdruck, dass einige dieses Heil aufgeben wollten. In der Gemeinde in Korinth gab es andere, die durch die Verlockung der weltlichen Lüste kurz davor standen, ihr Heil zu verlieren.

Gott liebt uns zu sehr, um uns unserem Selbstlauf zu überlassen. Die Christen unterschiedlichster Prägung sind sich darin einig, dass Gott seine Kinder erzieht. Doch bei der Art und Weise Seiner Erziehung gibt es recht unterschiedliche Vorstellungen. Manche glauben sogar, dass Er Unglück,

---

[78] Vergl. Titus 2,11

Katastrophen und Nöte schickt oder uns krank macht, um uns eine Lektion zu erteilen. Um diese Ansicht biblisch zu belegen, werden dann die Strafgerichte Gottes aus dem Alten Testament herangezogen. Doch ein Strafgericht ist etwas anderes, als eine Erziehung, zumindest was den einzelnen Menschen angeht. Jetzt, in der Gnadenzeit des Neuen Bundes, gibt es keine Strafgerichte mehr.[79]

Wie erzieht Gott uns nun? Lasst uns dazu nochmals zum Hebräerbrief gehen:

> Wenn ihr aber ohne Züchtigung seid, an der sie alle Anteil bekommen haben, so seid ihr ja unecht und keine Söhne! Zudem hatten wir ja unsere **leiblichen Väter** als Erzieher und scheuten uns vor ihnen; sollten wir uns da nicht vielmehr dem **Vater der Geister** unterwerfen und leben? Denn jene haben uns für wenige Tage gezüchtigt, so wie es ihnen richtig erschien; er aber zu unserem Besten, damit wir seiner Heiligkeit teilhaftig werden. Alle Züchtigung aber scheint uns für den Augenblick nicht zur Freude, sondern zur Traurigkeit zu dienen; danach aber gibt sie eine friedsame Frucht der Gerechtigkeit denen, die durch sie geübt sind.
>
> Hebräer 12,8-11

Es gibt die natürliche und die geistliche Familie. Wir haben leibliche Väter und den Vater der Geister. Die leiblichen Väter

---

[79] Die Strafgerichte Gottes offenbaren sich in der sogenannten Trübsal, im Anschluss an die Gnadenzeit. Vergl. Offenbarung 6,15-17 u. Kap.16

erziehen von außen her. Gott, der Vater der Geister, erzieht uns im Geist und nicht am Körper beziehungsweise durch irgendwelche äußeren Einwirkungen. Manche meinen, Gott erzieht uns, indem er uns die Knochen bricht oder unser Haus abbrennt. Doch das stimmt nicht, denn Er erzieht uns innerlich in unserem Geist.

Die Erziehung im Geist geschieht maßgeblich durch das Wort Gottes und geistliche Leiter, die das Wort predigen, denn das Wort ist »*Geist und Leben*« (Joh.6,63). Folgende Bibelstelle bringt das zum Ausdruck:

> Alle Schrift ist von Gott eingegeben und nützlich zur Belehrung, zur Überführung, zur Zurechtweisung, **zur Erziehung** in der Gerechtigkeit, damit der Mensch Gottes ganz zubereitet sei, zu jedem guten Werk völlig ausgerüstet.
>
> 2 Timotheus 3,16-17

Das Wort Gottes ist also nützlich zur Belehrung, zur Überführung, zur Zurechtweisung und zur Erziehung, wobei die ersten drei Begriffe nur andere Umschreibungen für Erziehung sind. Für unseren Glaubensweg *belehrt* uns das Wort, das heißt es zeigt uns, wo der richtige Weg langgeht. Durch *Überführung* wissen wir, wo wir den richtigen Weg verlassen haben. Die *Zurechtweisung* dient dazu, uns auf den richtigen Weg zurückzubringen, und die *Erziehung in der Gerechtigkeit* zeigt uns, wie wir zukünftig auf dem richtigen Weg bleiben können.

Die effektivste Art und Weise der Erziehung ist nach wie vor: Lernen durch »Schmerz«. Das Fehlverhalten kleiner Kinder wird durch schmerzhafte Konsequenzen am schnellsten korrigiert. Werden sie älter, reicht dann oft schon eine ernsthafte Ermahnung. Selbst Erwachsene kennen schmerzhafte Konsequenzen wie Lohnkürzungen, Abmahnungen oder ein Bußgeld für zu schnelles Fahren.

Wie sieht nun der »Schmerz« in Gottes Erziehung aus? Wie schon gesagt, ist Gott der Vater der Geister, das heißt der wiedergeborenen Gläubigen. Er erzieht uns also nicht am physischen Leib, sondern durch »Schmerzen« im Geist. Lasst uns dazu ein Beispiel anschauen.

> Denn wenn ich euch auch durch den Brief **betrübt** habe, so bereue ich es nicht, wenn ich es auch bereut habe; denn ich sehe, dass euch jener Brief **betrübt** hat, wenn auch nur für eine Stunde. Nun freue ich mich – nicht darüber, dass ihr **betrübt** wurdet, sondern darüber, dass ihr **zur Buße betrübt** worden seid; denn ihr seid **in gottgewollter Weise betrübt** worden, so dass ihr von uns keinerlei Schaden genommen habt. Denn **die gottgewollte Betrübnis bewirkt eine Buße zum Heil**, die man nicht bereuen muß; die Betrübnis der Welt aber bewirkt den Tod. Denn siehe, wieviel ernstes Bemühen hat dies bei euch bewirkt, dass ihr **in gottgewollter Weise betrübt** worden seid, dazu Verantwortung, Entrüstung, Furcht, Verlangen, Eifer, Bestrafung! Ihr habt in jeder Hinsicht bewiesen, dass ihr in der Sache rein seid.
>
> 2 Korinther 7,8-11

Es fällt auf, wie oft das Wort »Betrübnis« genannt wird. In seinem ersten Brief an die Korinther sprach Paulus konkrete Sünden in der Gemeinde offen an. Das traf ihr Gewissen. Sie wurden betrübt darüber, das heißt sie wurden von der Sünde überführt. Dieser »Schmerz« der Überführung in ihrem schlechten Gewissen war so stark, dass sie darüber Buße taten, also etwas in dieser Angelegenheit veränderten.

Ich glaube, jeder hat das schon erlebt. Man liest seine Bibel oder hört eine Predigt und mit einem Mal schlägt das Gewissen an. Man fühlt sich ertappt. Genau das ist die beste Gelegenheit, sofort darauf zu reagieren und etwas zu verändern.

Gott will uns keinen Schaden zufügen, sondern uns zu unserem Besten erziehen. Paulus schrieb: »*... so dass ihr von uns keinerlei Schaden genommen habt. Denn die gottgewollte Buße bewirkt eine Buße zum Heil ...*« (v.9-10). Auf diese Weise empfangen wir den größtmöglichen Segen, können fruchtbar leben und am Ende in Seine Herrlichkeit eingehen.

Bewährungsproben

Es gibt eine bestimmte Art des Leidens, die einen überaus positiven Effekt auf uns haben kann. Petrus nannte es » *Traurig sein in mancherlei Anfechtunge*n«. Das sind Bewährungsproben oder Glaubensprüfungen, die wir aushalten müssen. Dieser Prüfungs- und Leidensdruck in schwierigen Zeiten macht offenbar, was in unserem Herzen ist und wo wir wirklich im Glauben stehen.

> Dann werdet ihr euch jubelnd freuen, die ihr jetzt eine kurze Zeit, wenn es sein muss, **traurig seid in mancherlei Anfechtungen, damit die Bewährung eures Glaubens** (der viel **kostbarer ist als das vergängliche Gold**, das doch durchs Feuer erprobt wird) Lob, Ehre und Herrlichkeit zur Folge habe bei der Offenbarung Jesu Christi. Ihn liebt ihr, obgleich ihr ihn nicht gesehen habt; an ihn glaubt ihr, obgleich ihr ihn jetzt nicht seht, und über ihn werdet ihr euch jubelnd freuen mit unaussprechlicher und herrlicher Freude, wenn ihr das Endziel eures Glaubens davontragt, die Errettung der Seelen!
>
> 1 Petrus 1,6-9

Was würdest du wählen, einen Goldbarren oder ein Körnchen von wirklichem Glauben? Jesus sagte, Glaube von der Größe eines Senfkorns versetzt Berge - nur echt muss er sein. Nur der Glaube, der sich bewährt hat, ist echt. Und der echte Glaube bringt echte Resultate hervor. Echte Christen bringen echte Früchte hervor.

Eine ähnliche Bibelstelle finden wir im Jakobusbrief.

> Meine Brüder, achtet es für lauter Freude, wenn ihr in mancherlei Anfechtungen geratet, da ihr ja wisst, dass die Bewährung eures Glaubens standhaftes Ausharren bewirkt. Das standhafte Ausharren aber soll ein vollkommenes Werk haben, damit ihr vollkommen und vollständig seid und es euch an nichts mangelt.
>
> Jakobus 1,2

Auch hier geht es wieder um die Auswirkungen beziehungsweise um die Belohnung eines bewährten Glaubens. Das griechische Wort für die Anfechtungen, die hier genannt werden, lautet *peirasmos* und bedeutet auch Versuchung (den Versuch, jemanden zu Fall zu bringen) oder Prüfung (jemanden auf die Probe stellen). Das kann sowohl im positiven wie auch im negativen Sinne verwendet werden. Das Äquivalent dazu im Alten Testament lautet auf hebräisch *massa*. Welche Bedeutung jeweils zutrifft, können wir nur aus dem Zusammenhang erkennen.

Wenn Menschen zur Sünde versucht beziehungsweise verleitet werden, ist es schlecht und kommt niemals von Gott. Auch dürfen wir Gott nicht versuchen. Er lässt sich nicht manipulieren oder herausfordern etwas zu tun, was seinem

Wesen widerspricht. Aber wenn Gott uns prüft, versucht er nicht, uns zu Fall zu bringen, sondern prüft unsere Hingabe und die Ernsthaftigkeit unseres Glaubens. Und das ist äußerst positiv, denn ohne eine Bewährungsprobe bleibt der Glaube nur eine Theorie.

Doch lasst uns zunächst einige Bibelstellen dazu betrachten:

> Durch Glauben brachte Abraham den Isaak dar, **als er geprüft wurde**, und opferte den Eingeborenen, er, der die Verheißungen empfangen hatte...
>
> Hebräer 11,17

> Und du sollst an den ganzen Weg gedenken, durch den der HERR, dein Gott, dich geführt hat diese 40 Jahre lang in der Wüste, um dich zu demütigen, **um dich zu prüfen**, damit offenbar würde, was in deinem Herzen ist, ob du seine Gebote halten würdest oder nicht.
>
> ...der dich in der Wüste mit Manna speiste, von dem deine Väter nichts wussten, **um dich zu demütigen und zu prüfen**, damit er dir am Ende Gutes tue...
>
> 5. Mose 8,2.16

Diese Art von Prüfung dient dazu, offenbar zu machen, was im Herzen verborgen ist. Das war bei Abraham so und auch bei den Israeliten.

Gott hat immer einen Plan mit Menschen, die er beruft. Um seine Absicht verfolgen zu können, rüstet Gott die Menschen zu. Prüfungen im Leben sind Teil seines Erziehungsprogrammes.[80] Genauso wie Eltern normalerweise erwarten, dass ihre Kinder heranwachsen und sich weiterentwickeln, möchte Gott, dass wir im Glauben zunehmen und geistlich reifer werden. Auch Jesus forderte seine Jünger in dieser Weise heraus.

> Da nun Jesus die Augen erhob und sah, dass eine große Volksmenge zu ihm kam, sprach er zu Philippus: Wo kaufen wir Brot, damit diese essen können? Das sagte er aber, **um ihn auf die Probe zu stellen**, denn er selbst wusste wohl, was er tun wollte .
>
> Johannes.6,5-6

Das Verhalten anderer Christen in ihren Herausforderungen aus einer sicheren Deckung heraus zu kritisieren ist leicht. Es ist auch einfach, mit dem eigenen Glauben zu prahlen, solange alles glatt läuft. Der echte Glaube offenbart sich jedoch in Schwierigkeiten, in denen wir unsere Treue zu Gott und seinem Wort zeigen können.

Probleme und Schwierigkeiten im Leben sind die Bewährungsprobe des Glaubens. (Die Verlockung zur Sünde ist hingegen keine Bewährungsprobe, sondern eine gefährliche

---

[80] Vergl. 5 Mose 8,5

Versuchung.) Wenn wir die kleinen Probleme im Vertrauen auf Gott bewältigt haben, sind wir gerüstet für größere Probleme. Und Gott achtet darauf, dass die Schwierigkeiten nicht größer sind, als wir bewältigen können.

> Das, was eurem Glauben bisher an Prüfungen zugemutet wurde, überstieg nicht eure Kraft. Gott steht zu euch. Er lässt nicht zu, dass ihr in der Versuchung zugrundegeht. Wenn euer Glaube auf die Probe gestellt wird, schafft Gott auch die Möglichkeit, sie zu bestehen.
>
> 1.Korinther10,13 (Hoffnung für .Alle)

Lasst uns zum Schluss auf Jesus schauen, den Anfänger und Vollender unseres Glaubens.[81] In ihm haben wir ein großes Vorbild, dem wir folgen können. Er widerstand den Versuchungen Satans mit dem Wort Gottes und behauptete sich gegen die hinterlistigen Fangfragen der Pharisäer.[82] Der Hebräerbrief sagt, dass er dieselben menschlichen Schwierigkeiten hatte und genauso versucht wurde wie wir.[83] Das schließt mit ein, dass er die Verlockungen der Sünde gekannt hat, jedoch ohne ihnen zu erliegen. *»Daher musste er in jeder Hinsicht den Brüdern ähnlich werden ... denn worin er selbst gelitten hat, als er versucht wurde, kann er denen helfen, die versucht werden«* (Hebr.2,17-18).

---

[81] Siehe Hebräer 12,2

[82] Vergl. Lukas 4,1-13; Matthäus 16,1; 19,3; 22,18

[83] Siehe Hebräer 4,15

Jesus weiß, wie es uns im Leben ergeht und wie es sich anfühlt, beispielsweise verfolgt zu werden. Als unser Hoherpriester hat er Mitleid mit uns und steht bereit, uns zu helfen.

Schlusswort

Jakobus schrieb den Gläubigen damals: Irrt euch nicht! Lasst euch nicht täuschen! Gott will immer noch, dass es dir gut geht, daran hat sich nichts geändert!

> Irrt euch nicht, meine geliebten Brüder: Jede gute Gabe und jedes vollkommene Geschenk kommt von oben herab, von dem Vater der Lichter, bei dem keine Veränderung ist, noch ein Schatten infolge von Wechsel.
>
> Jakobus 1,16-17

Grundsätzlich gilt: Von Gott kommt nur Gutes! An diese Tatsache müssen wir uns besonders in schlimmen Zeiten immer wieder erinnern.

Unsere Erlösung beinhaltet potentiell ein Leben in Wohlstand, Sicherheit und Gesundheit (ausgenommen die Leiden um des Evangeliums willen). Dieser Segen kommt jedoch nicht automatisch auf uns, sondern er hängt zusammen mit bestimmten Konditionen. Aber welcher Christ lebt so perfekt im Glauben und in der Liebe Gottes und wird so vollkommen vom Heiligen Geist geleitet, dass er sich des vollen Segens Gottes in jedem Lebensbereich ohne Einschränkung erfreut? So manches Mal erleben wir hautnah die Herrschaft von Sünde, Tod und Teufel, und wir merken, dass wir die

Wunder nicht einfach mal eben, so wie das Licht, anknipsen können, wenn wir sie gerade brauchen oder wünschen.

Einige solcher Beispiele finden wir sogar im Dienst und Leben von Paulus. Zwei seiner engsten Begleiter waren körperlich so angeschlagen, dass sie ihren Dienst nicht mehr verrichten konnten.[84] Offensichtlich hatte Paulus nicht mal eben schnell für sie gebetet, um sie wieder auf die Beine zu bringen. Sie brauchten einfach eine Phase der Erholung, um wieder fit zu werden. Wir lesen auch nichts davon, dass er oder die Gemeinden ihnen deswegen einen Vorwurf gemacht hätten. Ein anderes Mal schrieb Paulus, dass Satan seine Reisepläne durchkreuzt hatte.[85] Nun, warum hat Paulus ihm nicht einfach im Namen Jesu widerstanden? Oder warum hat er Trophimus nicht geheilt, wie später den Vater des Publius auf der Insel Melite?[86] Diese Begebenheiten werden im NT ganz normal berichtet, ohne sie zu beurteilen oder auf Vorwürfe einzugehen.

Johannes der Täufer war ein rauer Geselle und ein furchtloser Prediger, der an den Messias glaubte. Doch die lange Zeit im Gefängnis schien seinen Glauben etwas mürbe gemacht zu haben. Um ganz sicher zu gehen, fragte er durch seine Jünger bei Jesus noch einmal nach. Jesus schickt sie zurück mit den Worten: *»Geht hin und berichtet dem Johannes, was ihr gesehen und gehört habt ... Und glückselig ist, wer nicht Anstoß nimmt an mir!«* (Luk 7,22-23).

---

[84] Vergl. Phil 2,26; 2 Timotheus 4,20

[85] Vergl. 1 Thessalonicher 2,18

[86] Siehe Apostelgeschichte 28,8

Lang anhaltende Schmerzen, ein großer Verlust oder erlittenes Unglück können so sehr an den Kräften zehren, dass manche Christen Gott gegenüber ungehalten werden und ihn sogar anklagen. Jesus sagte: »*Selig ist, wer sich nicht an mir ärgert*« (Luk 7,23 SLT).

Die Güte und Liebe Gottes sollten wir niemals hinterfragen, auch wenn wir momentan nicht alles verstehen. Hier können wir von Hiobs Standhaftigkeit lernen. Obwohl er nicht verstand, warum er in solch großes Unglück geraten war, hielt er an Gott fest.[87] Jakobus ermahnt uns, es ihm und den Propheten gleichzutun.

> Meine Brüder, nehmt auch die Propheten, die im Namen des Herrn geredet haben, zum Vorbild des Leidens und der Geduld. Siehe, wir preisen die glückselig, welche standhaft ausharren! Von Hiobs standhaftem Ausharren habt ihr gehört, und ihr habt das Ende gesehen, das der Herr für ihn bereitet hat; denn der Herr ist voll Mitleid und Erbarmen.
>
> Jakobus 5,10-11

Es gibt für alles einen Grund. Manchmal kennen wir ihn und manchmal kennen wir ihn nicht. Manchmal ist der Grund bekannt, aber der Notleidende schämt sich, ihn zu nennen. Eines muss für uns klar bleiben: Gottes Wort verändert sich nicht dadurch, dass einige in Not geraten sind. Die Zusage

---

[87] Siehe Hiob 1,22; 2,3.10

bleibt bestehen: Wer sich vertrauensvoll an Gott wendet und Seine Verheißungen im Glauben in Anspruch nimmt, wird Segen, Antwort und Hilfe erhalten. Und wer aus dem einen oder anderen Grund den Segen nicht empfängt - er kann nicht tiefer fallen, als in Gottes liebende Hände.

Eines Tages sehen wir uns in der Herrlichkeit Gottes wieder. Eine Herrlichkeit, die alle zeitliche Trübsal in den Schatten stellt, wo alle Trauer ein Ende findet und Gott alle Tränen abwischen wird.[88]

Halte an Gott fest und bleibe im Glauben!

---

[88] Römer 8,18; 2 Korinther 4,17; Offenbarung 21,4

Bibliographie

Fritz Rienecker, *Lexikon zur Bibel*

Fritz Rienecker, *Sprachlicher Schlüssel zum Griechischen Neuen Testament*

Genfer Studienbibel

John Stott, *Das Kreuz, Zentrum des Christlichen Glaubens*

Kenneth E. Hagin, *Redeemed from Poverty, Sickness and Spiritual Death*

Kenneth E. Haigin, *Must Christians Suffer?*

Kenneth Copeland, *The Blessing of the Lord*

Mac Hammond, *The Suffering Question*

Manfred Roth, *Das Neue Testament*

Nicky Gumbel, *Fragen an das Leben*

R.C. Sproul, *Knowing Scripture*

Tony Cooke, *Grace, The DNA of God*

Weitere Angebote:

Buch: "Durchblick"
Gottes Wort lesen, studieren und lieben lernen

Dieser Titel vermittelt die allgemein anerkannten Grundsätze der Schriftauslegung. Sie helfen den Leser helfen, die Bibel besser zu verstehen und so einen soliden biblischen Glauben zu entwickeln.

77 Seiten, 6,00 €

Buch: "Der gute Hirte"
Das Bild des guten Hirten in der Bibel
Neue überarbeitete Auflage

Dieses Buch behandelt Hinweise in der ganzen Schrift, die sich auf den Hirtendienst zu biblischer Zeit beziehen. Das so gewonnene Wissen soll dem Leser helfen, den gegenwärtigen Dienst Jesu als guter Hirte besser zu verstehen und für sich in Anspruch zu nehmen.

46 Seiten, 6,00 €

e - t e a c h i n g

Das e-teaching besteht aus kurzgefassten Lehrbriefen, die auf verschiedene theologische Fragen eingehen, biblische Texte erklären oder ganz allgemein Themen des christlichen Glaubens beleuchten.

Dieses Angebot ist kostenlos und wird per E-Mail zugeschickt.

Anmeldung unter:

www.wugffo.de (Lehrdienst)
E-Mail: e-teaching@wugffo.de

Rhema Bible Training Center

Das RBTC ist eine Bibelschule, die Sie nebenberuflich absolvieren können.

Mehr Informationen erhalten Sie hier:

Rhema Germany e.V.
Postfach 20 11 63
53141 Bonn
Tel. +49(0)228/9325220
www.rhema-germany.de